An der Schlei

Horst-Dieter Landeck

An der Schlei

Ein Reisebegleiter

Wander- und Radfahrtouren mit dem „Landarzt"-Weg

BOYENS

ISBN 978-3-8042-1303-6

5. Auflage 2022
© 2010 by Boyens Medien GmbH & Co. KG, Heide
Alle Rechte vorbehalten
Text, Fotos und Gestaltung: Horst-Dieter Landeck
Herstellung; Boyens Buchverlag, Heide
Druck: BELTZ Bad Langensalza GmbH, Bad Langensalza
Printed in Germany

Inhalt

Inhalt

Vorwort

Zwischen Schwansen im Süden und Angeln im Norden windet sich tief ins sanfte Hügelland die Schlei, an deren Ende landeinwärts die alte Bischofsstadt Schleswig liegt.

Nur wenige Kilometer von der seewärtigen Einfahrt der Schlei entfernt liegt die lebendige Kleinstadt Kappeln, die durch die ZDF-Fernsehserie „Der Landarzt" als Deekelsen weit über die Grenzen hinaus bekannt ist.

Mit fast 40 km Länge ist die Schlei Deutschlands längste Förde an der Ostseeküste. Aus einer Kette von Gletscherseen entstand sie am Ende der letzten Eiszeit.

Der Wechsel zwischen breiten Seen und flussartigen Engstellen macht diese Förde so abwechslungsreich. Genauso unterschiedlich wie die Schlei ist auch die Landschaft zu beiden Seiten der Förde. Sanfte Hügel, Feuchtwiesen, herrliche Laubwälder und dunkle Nadelwälder, die teilweise bis ans Steilufer reichen, und die für Schleswig-Holstein typischen Knicks sorgen für abwechslungsreiche Rad- und Wanderwege in dieser idyllischen Landschaft. Die gepflegten, einsamen Bauernhöfe, die malerischen Dörfer und kleinen Städte wollen entdeckt werden.

Bild links: Klappbrücke in Kappeln

Bild rechts: Drachenkopf an einem Wikinger-Boot

Von Schleswig aus lassen sich zu Fuß, per Fahrrad oder mit den Ausflugsschiffen (natürlich auch mit dem Auto) Wanderwege in einmalig schöner landschaftlicher Umgebung erreichen.

Jede Jahreszeit bietet dem Wanderer ein vollkommen anderes Bild auf seinen Wanderstrecken. Das frische Grün der Buchenwälder im Frühjahr, die duftenden, leuchtendgelben Rapsfelder im Frühsommer, danach die blaublühenden Phacelien, die goldgelben, erntereifen Getreidefelder im Spätsommer, der Herbst mit seiner Farbenpracht und nicht zuletzt der Winter, in dem die tiefstehende Sonne die Landschaft in ein warmes Licht taucht, all das lädt zu ausgedehnten Wanderungen ein.

Wanderer finden in diesem Buch einige Vorschläge für Routen von unterschiedlicher Länge.

Zusätzlich sind vier Rundtouren um die Schlei auf dem Wikinger-Friesen-Weg für Radwanderer beschrieben.

Die Pläne in diesem Buch dienen der Orientierung und müssten ggf. mit anderem Kartenmaterial ergänzt werden.

Stadtmuseum auf dem Friedrichsberg

Schleswig

Schleswig liegt in der innersten Ecke der Schlei. Die Stadt wurde 804 erstmals in den Fränkischen Analen erwähnt und zählt zu den ältesten in Nordeuropa.

Die Wikinger nutzten die günstige Lage am Schnittpunkt zweier wichtiger Handelswege und er- richteten am Südufer der Schlei das größte Handelszentrum des Nordens.

Die alte Bischofsstadt und Resi- denz der Gottorfer Herzöge hat dem Besucher mit ihrer ab- wechslungsreichen Geschichte viel zu bieten. Auf Schloss Got-

10

torf, der größten und eindrucksvollsten Schlossanlage Schleswig-Holsteins, residierten die Gottorfer Herzöge über Jahrhunderte.

Der Werbeslogan der Stadt „Schleswig – die freundliche Kulturstadt" ist nicht übertrieben, denn Schleswig wird als die Kulturhauptstadt Schleswig-Holsteins anerkannt. Dafür sorgen schon die großen Landesmuseen im Schloss Gottorf und in Haddeby (Wikinger Museum Haithabu), daneben erwarten den kulturinteressierten Besucher noch das Städtische Museum mit seinen Dependancen und das Museum in Dannewerk.

Einen weiteren Höhepunkt bildet der Dom mit seinen zahlreichen Kunstschätzen, darunter der größte norddeutsche Schnitzaltar von Hans Brüggemann.

Ein Rundgang durch die stilvoll restaurierte Altstadt ist bei Touristen und Einheimischen beliebt. Zwischen kunstvoll restaurierten Gebäuden laden Straßencafés zu einer Pause ein. Vom Graukloster, einem der am besten erhaltenen Franziskanerklöster Nordeuropas, das heute als Rathaus genutzt wird, gelangt man zur Fischersiedlung Holm und zum St.-Johannis-Kloster. Hier scheint die Zeit seit einhundert Jahren stehengeblieben zu sein. Von zwei Aussichtspunkten kann man die Stadt aus der Vogelperspektive betrachten. Zum ersten Aussichtspunkt führt eine Treppe im 112 m hohen Turm des Domes hinauf. Den zweiten erreicht man bequemer mit dem Fahrstuhl. Er befindet sich im 27. Stockwerk des Wikingturmes, der im Wiking-Yachthafen steht.

Die „Wappen von Schleswig" vor dem Dom

Fischersiedlung Holm

Wie aus einer anderen Zeit wirkt die einmalige Rundsiedlung, in deren Zentrum sich die weiße Kapelle mit dem Friedhof befindet, eingefasst durch einen schmiedeeisernen Zaun und eine niedrige Lindenreihe.

Auf der gegenüberliegenden Seite der gepflasterten Straße, die rund um den Friedhof führt, stehen die kleinen Giebelhäuser aus dem 18. und 19. Jahrhundert. Dazwischen führen schmale Wege zum Schleiufer, wo die Fischerboote dümpeln und die Netze zum Trocknen hängen.

Wann die erste Besiedlung auf dem Holm stattfand, ist bis heute unklar. Es gibt Vermutungen, dass die ersten Fischer aus dem Dorf Füsing stammten und sich auf der Insel am südöstlichen Stadtrand niederließen. Um 1196 errichteten die Benediktiner auf dem Holm ein Nonnenkloster, auf dem Gelände einer älteren Stadtkirche. Daraus lässt sich ableiten, dass die Fischersiedlung am Holm schon vorhanden war.

Erstmals urkundlich erwähnt wird der Holm 1285. In der Urkunde von Herzog Waldemar aus dem Jahre 1291 wird auf die gleiche Gerichtsbarkeit für die Bürger der Stadt Schleswig und die Bewohner des Holms hingewiesen. Aus weiteren Urkunden gehen die Rechte der Holmer Fischer hervor. So hatten die Holmer Fischer als einzige das Recht, auf der Schlei von Schleswig bis Arnis zu fischen und an geeigneten Stellen den Uferstreifen zu betreten, so weit sie vom Boot aus die Pinne werfen konnten. Dieses Recht wurde ihnen 1480 von König Christian I. bestätigt.

Der Holm hat, wie kein anderer Stadtteil Schleswigs, seinen ursprünglichen Charakter bewahrt. Die niedrigen Giebelhäuser mit den „Klöndören" (geteilte Türen, die sich für einen „Klönschnack" – *Plausch* – oben öffnen lassen) und den winzigen Blumenbeeten mit Stockrosen werden liebevoll gepflegt. Mancher Besucher wird sich fragen: Museum, Puppenstube oder Wirklichkeit? Auf ein kleines Museum muss der Besucher jedoch nicht verzichten, denn das Holm-Museum an der Süderholmstraße zeigt als Dependance des Städtischen Museums die Geschichte der Fischersiedlung.

Der Name „Holm" bedeutet im Dänischen „Insel". Davon ist aber nicht mehr viel zu sehen. Bis 1935 verlief der Fischgraben dort, wo jetzt die Straße verläuft. Wo heute die Fischbrückstraße den Holm erreicht, überspannte für einige Jahrhunderte die hölzerne Fischbrücke den Fischbach. An dieser Brücke fand der Fischmarkt statt,

und im Fischbach schwammen die gelochten Fischkisten, die „Hudefässer". Nur die Klöneck, auf der sich in den Nachmittags- und Abendstunden die Fischer treffen und ihren Klönschnack halten, hat sich bis heute wenig verändert.

Bild oben: Schleswig Holm
Bild unten: Netztrockenplatz

St.-Petri-Dom

Die erste urkundliche Erwähnung geht auf das Jahr 1134 zurück.

Zwischen 1120 und 1135 entstand (vermutlich unter Bischof Alberus) eine dreischiffige romanische Pfeilerbasilika mit einem Flachdach. Diese war aber wesentlich kleiner als der heutige Dom. Anfänglich wurde das Feldsteinmauerwerk mit Granitquadern und rheinischem Tuffstein verkleidet. An einigen Stellen der Außenmauer ist diese Bauart noch erkennbar. Schon bald wurden Granit und Tuff durch Backstein abgelöst.

Seit dem 13. Jh. wurde der Dom stark erweitert und umgestaltet. Als nächstes wurde die Kanonikersakristei am nördlichen Querhausarm angebaut. Dieser quadratische Anbau, getragen von einer Mittelsäule, die das Zentrum der vier Kreuzgratgewölbe darstellt, diente als Tauf- und Grabkapelle.

In der zweiten Hälfte des 13. Jh. wurde das Langhaus in eine Gewölbebasilika umgebaut. Als nächstes erfuhr der Chorteil eine grundlegende Erweiterung und wurde zu einem dreischiffigen Chor mit aufwendiger Ausmalung umgestaltet.

Anfang des 14. Jh. bekam der Kreuzgang – Schwahl (kalter Gang) –, ebenfalls eine aufwendige Bemalung. Im 15. Jh. erfolgte der Umbau des Langhauses zur Hallenkirche. Die Seitenschiffe erhielten die gleiche Höhe wie das Mittelschiff. Dazu wurde jeder zweite Pfeiler entfernt, die verbliebenen Stützen konnten verstärkt werden. Die zwischen den Stütz-pfeilern eingerichteten Seitenkapellen wurden später als Grabkapellen genutzt.

Zwischen 1460 und 1480 entstand neben dem Chor eine weitere Sakristei, die nach der Reformation zur Fürstengruft umgestaltet wurde.

Außer dem kleinen Dachreiter hatte der mittelalterliche Dom keinen Turm, ansonsten hat der Bau seine äußere Gestalt vor der Reformation erhalten. Der 112 m hohe Turm, der zwischen 1889 und 1894 in neugotischem Stil entstand, ist ein Geschenk des preußischen Kaisers.

Der St.-Petri-Dom hat als Bischofskirche einige Kunstschätze aufzuweisen. Neben dem Grab des dänischen Königs und Gottorfer Herzogs Friedrich I. und dem Gemälde „Blaue Madonna" von dem Gottorfer Maler Jürgen Ovens ist der geschnitzte Brüggemann-Altar das berümteste Kunstwerk des Domes. Der Bildschnitzer Hans Brüggemann stellte 1521 den größten spätgotischen Schnitzaltar Schleswig-Holsteins fertig.

Wer den Klang der Orgel erleben möchte, sollte ein Orgelkonzert nicht verpassen (von Mai bis September jeweils am Mittwoch).

St.-Petri-Dom

Schleswig–Reesholm

Wo einst die Dampflok fuhr
Die alte Kreisbahn von Schleswig nach Kappeln gehört zur Geschichte der Stadt. Aus dem alten Bahnhof wurde ein Restaurant, aus dem ehemaligen Güterbahnhof eine Brauerei und die alte Bahnstrecke zum Radwander-

weg ausgebaut. Auf diesem Radwanderweg wollen wir unsere Wanderung, die uns zum Naturschutzgebiet auf der Halbinsel Reesholm führt, beginnen. Einst gab es eine Fährverbindung über die Stexwiger Enge. Im Sommerhalbjahr endet der Wanderweg an der Schranke, mitten auf der Halbinsel Reesholm, denn von März bis September gehört das Naturschutzgebiet den brütenden Vögeln.

☛ Zeit: 2 Std. 50 Min.
   für Hin- und Rückweg

Am Rande der Altstadt, wo die Königstraße in die Lange Straße mündet, beginnt der Radwanderweg auf der Trasse der alten Kreisbahn. Einige Meter Schie-

nen sind als Denkmal erhalten geblieben. Dem Rad- und Fußweg, der als Verlängerung der Königstraße zwischen den Häusern hindurchführt, folgen wir, überqueren bald die Noorstraße

Steine mit Eiskragen auf Reesholm

Rapsfeld bei Klensby

und eine kleine Brücke. Hinter der Brücke stoßen wir auf drei Wege, wir nehmen den mittleren, der sich etwas vom Parkplatz entfernt. Ein ausgedehntes Schilfgebiet erstreckt sich auf der rechten Seite. Der Wanderweg überquert den Holmer Noorweg und führt zwischen dem dänischen Gymnasium und dem Gelände der Stadtwerke hindurch. Informationstafeln mit Erklärungen zu heimischen Bäumen befinden sich am Wegesrand.

25 Min. Wir überqueren eine Brücke und erreichen die Weggabelung Böklund – Kappeln.

Dem Wegweiser nach Klensby folgend, geht es geradeaus weiter. Wir überqueren die Karl-Imhoff-Straße und die Zuckerstraße. Weiter geht es auf dem Wanderweg an hohen Knicks entlang. An der linken Seite tau-

chen die ersten Häuser von Klensby auf. Gleich danach kommen wir an dem alten Bahnhof von Klensby vorbei. Etwa 100 Meter läuft parallel zum Wanderweg auf der linken Seite eine Straße, die dann rechts abbiegt und zur Werft führt. Hier verlassen wir den Radwanderweg, biegen rechts ab und gehen die Straße in Richtung Schlei (Werft). Nach ca. 250 Metern biegt auf der linken Seite ein Weg ab, der in den Wald führt. Diesem Weg folgen wir. Im Wald geht es über langgestreckte Stufen in ein kleines Flusstal hinab. Der Weg schlängelt sich weiter durch den Buchenwald.

55 Min. Die Straße von Moldenit endet links an unserem Weg. Wir gehen geradeaus weiter. Den Wald zur Rechten, Telegrafenmasten zur Linken, erreichen wir

den Reiterhof von Winning.
1 Std. In Winning überqueren wir die Zufahrtsstraße und gehen geradeaus weiter. Der Weg macht eine leichte Biegung nach rechts und endet nach 10 Min. an dem Haus Dreilingsfähre. Direkt davor benutzen wir die Treppe an der linken Seite und gehen hinunter zur Brücke über die Füsinger Au. Der Weg verläuft nun bis Winningmaystraße durch ein Schilfgebiet hindurch an der Schlei entlang. (Achtung: Bei starkem Ostwind gibt es hier schon mal „Landunter".)

1 Std. 10 Min. Wir folgen dem Ufer der Schlei, gehen an dem Parkplatz (mit Infotafel), der Badestelle und den Sommerhäuschen vorbei und erreichen das Naturschutzgebiet Reesholm. Die Halbinsel besteht überwiegend aus Feuchtwiesen und ist ein wichtiges Rückzugsgebiet für viele Brutvögel. Im Winter kann man bis zur Spitze der Halbinsel gehen, von März bis September endet der Weg durch das Naturschutzgebiet an der Schranke. Von einem erhöhten Aussichtspunkt lassen sich die Vögel gut beobachten, bevor der Rückweg angetreten wird.

Schilfufer auf Reesholm

19

Schloss Gottorf

Im Jahre 1161 ließ der damalige Bischof auf der Schlossinsel im äußersten Schleiwinkel eine Burg errichten. Sie entstand nach dem Vorbild der zerstörten Burg Alt-Gottorf bei Lürschau. Etwa 100 Jahre später (1268) tauschte Herzog Erik von Schleswig mit Bischof Bondo seine Ländereien um Schwabstedt gegen die Burg Gottorf und zog von der Juriansburg, die sich auf der Möweninsel befand, in die Burg auf der Schlossinsel. Nachdem die Schauenburger Grafen 120 Jahre auf der Burg residiert hatten, ging sie aufgrund der Erbfolge 1459 an die dänische Krone über. 1544 teilten die Söhne von Friedrich I. das Land auf. Während aus der Linie des älteren Sohnes weiterhin die dänischen Könige gestellt wurden, stellte die Linie des jüngeren Sohnes die Herzöge von Schleswig-Holstein Gottorf.

Der Umbau der Burg zum vierflügeligen Renaissance-Schloss begann unter der Regentschaft von Herzog Adolf (1544–1586) und wurde unter Herzog Johann Adolf (1590–1616) vollendet. Der Südflügel mit dem säulenflankierten Hauptportal entstand zwischen 1698 und 1702 unter Herzog Friedrich IV. Er plante, das Schloss zu einer hochbarocken Residenz umzubauen. Als der Herzog 1702 auf dem Kriegszug seines Schwagers (Karl XII. von Schweden) auf dem Schlachtfeld in Polen fiel, kamen die Bauarbeiten nur noch zögerlich voran und endeten endgültig 1713, als der dänische Hof das Lehen, Schloss Gottorf, zurückforderte.

Bis Mitte des 19. Jh. diente das Schloss den dänischen Statthaltern als Residenz. Wertvolle Einrichtungsgegenstände und Kunstwerke gelangten in dieser Zeit von

Gottorf nach Kopenhagen. Von 1854 bis 1945 wurde das Schloss als Kaserne genutzt. In dieser Zeit verlor das Schloss viel von seinem ehemaligen Glanz. Diesen gewann es seit 1947 zurück.

Seit dieser Zeit beherbergt Schloss Gottorf das Schleswig-Holsteinische Landesmuseum mit Sammlungen der Kunst und Kulturgeschichte (12. Jahrhundert bis heute) sowie das Archäologische Landesmuseum der Christian-Albrechts-Universität zu Kiel.

Das „Nydamboot" ist das Prunkstück der Ausstellung „Von der Vor- und Frühgeschichte bis zur Wikingerzeit". Das Ruderboot ist ca. 1600 Jahre alt und konnte 40 Mann Besatzung aufnehmen.

1999 fasste die Stiftung Schleswig-Holsteinische Landesmuseen Schloss Gottorf unter einem Dach das Landesmuseum für Kunst und Kulturgeschichte und das Archäologische Landesmuseum zusammen.

Seit 2003 ist auch der Nachbau vom Gottorfer Globus im Barockgarten zu bestaunen. Das Original bekam Zar Peter der Große 1713 geschenkt und es befindet sich heute in einem Museum in St. Petersburg.

Jedes Jahr im Juli und August finden die Schlossfestspiele statt. Im Schlosshof werden unter freiem Himmel Sinfoniekonzerte gegeben und Theaterstücke aufgeführt.

Wikinger Museum

Lange Zeit geriet der einstmals wichtigste Handelsplatz in Vergessenheit. Erst 1897 entdeckten Archäologen am Haddebyer Noor die ehemalige Wikingerstadt wieder. Sie fanden auf dem Ausgrabungsgebiet der antiken Stadt ideale Arbeitsbedingungen vor, weil seit der Zerstörung Haithabus im Jahre 1066 keine neuen Gebäude entstanden. Zusätzlich konservierte der hohe Wasserstand in dem ehemaligen Siedlungsgebiet das organische Baumaterial. Nachdem die archäologischen Ausgrabungen in Haithabu und dem angrenzenden Hafengebiet 1980 vorläufig abgeschlossen wurden, eröffnete 1985 das Wikinger Museum in unmittelbarer Nähe der historischen Wikinger-Siedlung. Schon von außen erinnert das Museum an die Wikingerzeit, denn die sieben Museumshallen sehen von Weitem wie kieloben liegende Wikingerschiffen aus. Das Museum informiert in einer Schausammlung anhand der archäologischen Funde, über den derzeitigen Forschungsstand. Der Besucher erhält Auskunft über das Leben der Menschen in der Wikingerzeit. Die Fundstücke zu den einzelnen Themen reichen von Haushaltsgeräten über Bekleidung, Hausbau und Verteidigung bis zu kunstvoll gefertigten Schmuckstücken. Die archäologischen Funde werden durch Modelle und Graphiken anschaulich erläutert und geben einen Eindruck vom Alltagsleben vor 1000 Jahren in Haithabu.

Wer die Wikinger-Zeit hautnah erleben möchte, folgt der Wanderung um das Haddebyer Noor und gelangt auf dem Platz der historischen Stadt zu den Nachbauten der Wikinger-Häuser.

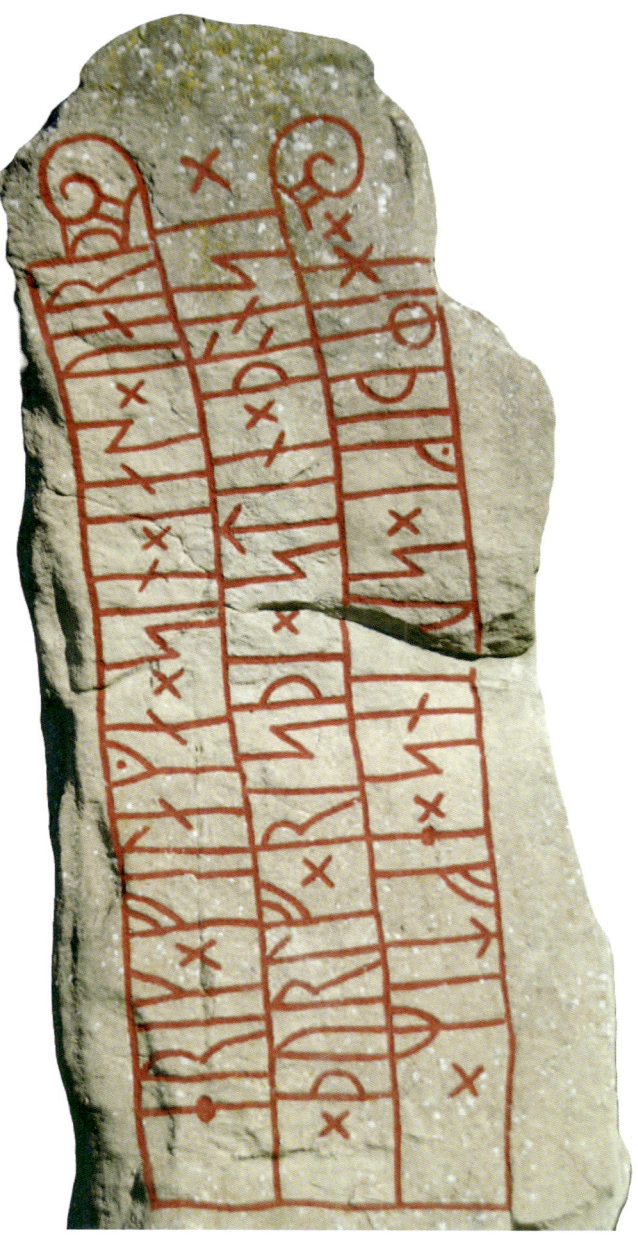

Wanderung um das Haddebyer Noor

Die Strecke lässt sich gut in zwei Abschnitte teilen, da der Weg am Parkplatz des Wikinger Museums vorbeiführt. Das Museum ist im Sommer auch mit dem Schleidampfer zu erreichen, der vom Stadthafen Schleswig, Nähe Dom, ablegt. Im Folgenden wird die Strecke in den beiden Abschnitten beschrieben:

Schloss Gottorf–Wikinger Museum

☞ Zeit: 1 Std. Hinweg

Vom Wikinger Museum um das Haddebyer Noor.

☞ Zeit: 3 Std. Rundweg

Von Schloss Gottorf zum Wikinger Museum

Unsere Wanderung beginnt am Parkplatz vor dem Schloss. Wir gehen die Allee in Richtung Hauptstraße, überqueren den Gottorfer Damm/Europaplatz und gehen geradeaus weiter bis zur Straße Wikingeck. (Die Straße Wikingeck führt zum Yachthafen und Wikingturm.)
Rechts sehen wir das Oberlandesgericht, vor uns eine Grünanlage. Wir biegen in die Straße Wikingeck links ein und die nächste schmale Straße gleich wieder rechts, nun haben wir die kleine Parkanlage an der rechten Seite und vor uns die Unterführung der Hochstraße. Hier endet die Straße. Weiter geht es ge-

radeaus auf einem schmalen Fußweg, der von hohen Eschen überdacht wird. Am Ende des Weges biegen wir links und gleich wieder rechts ein und befinden uns auf einem kleinen Wendeplatz. Auf dem Parkplatz-

schild für Museumsbesucher beginnt die Ausschilderung des Fernwanderweges: Ein weißes Andreaskreuz auf schwarzem Grund (⊗). Rechter Hand liegt das Stadtmuseum.

Wir folgen dem Georg-Pfingsten-

Weg und kommen an einigen Geschäften vorüber. Die große grüne Kugel auf der linken Seite ist ein Gasbehälter der Stadtwerke. Wir überqueren eine Straße, gehen noch ca. 150 m weiter geradeaus, folgen dann dem Wegweiser zum Marienbad und biegen links ab. Zwischen Gärten und Wiesen führt uns der Weg unter der Bundesstraße 76 hindurch.

Nachdem wir die Unterführung passiert haben, gehen wir geradeaus weiter. Die hohen Knicks geben dem Auge nur stückchenweise das Panorama von der Schlei und Schleswig frei. Wenig später enden die schützenden Knicks. Schleswig präsentiert sich von seiner Schokoladenseite. Im Vordergrund leuchtet das Schilf goldgelb, das Blau der Schlei ist mit vielen weißen Segeln betupft und im Hintergrund steht der stolze Dom. Der Blick schweift weiter, vom Wikingturm über die Möweninsel zum Stadthafen und zum Kloster, über die Kleine Breite bis zur Halbinsel Reesholm und zum kleinen Yachthafen Haddeby.

Weiter geht es durch Feuchtwiesen, die bei Hochwasser auch schon mal „Land unter" melden. Der Weg folgt der Uferkante in dichtem Abstand bis zum Anleger

Bild oben: Wikinger Museum
Bild unten rechts: Steilufer am Haddebyer Noor
Bild rechts oben: Trinkhörner

Haddeby. Wir überqueren die Bundesstraße an der Ampel und folgen der Ausschilderung zum Wikinger Museum Haithabu.

Informationen zum Museum finden Sie auf Seite 22.

Öffnungszeiten:
April–Oktober: täglich 9–17 Uhr
November–März
Di.–So.: 10–16 Uhr
(Wikinger-Häuser geschlossen)
Tel. (0 46 21) 81 30

Wer nach dem Museumsbesuch der Wanderbeschreibung „vom Wikinger Museum um das Haddebyer Noor" nur wenige hundert Meter folgt, der besteigt bald den steilen Ringwall, der einst das wichtigste Handelszentrum der Wikinger umgab. Der weitere Weg führt mitten durch Haithabu, vorbei an den Wikinger-Häusern.

Vom Wikinger Museum um das Haddebyer Noor

Ca. 50 m vor dem Eingang zum Museum nehmen wir den rechten Weg, er führt etwas bergauf, durch ein kleines Waldgebiet. Auf der linken Seite gelingt es den Bäumen nicht, das Noor zu ver-

bergen. Immer wieder schimmert das Wasser zwischen den Bäumen durch, bis der Weg den Wald verlässt und vor uns eine hügelige Moränenlandschaft erscheint. Auf der rechten Seite senken sich die Wiesen zum Noor hinab. Ein schmaler Schilfgürtel trennt Land und Wasser. Manchmal erlebt man hier, wie Krähen mit lautem Gekrächze einen Bussard aus ihrem Revier vertreiben.

Der Weg führt hinauf zum Ringwall Haithabus, dem bedeutendsten Handelsplatz der Wikinger in

Bild oben: Schilfufer am Haddebyer Noor
Bild rechts: Ufer am Haddebyer Noor
Bild unten: Wikinger-Häuser in Haithabu

Europa. Wenn dieses Wallstück auch nur kurz ist, so ist es doch leicht vorstellbar, wie die Wikinger von hier oben sowohl Freund als auch Feind rechtzeitig erspähen konnten. Heute genießen wir den herrlichen Ausblick. Nachdem wir auf der anderen Seite wieder heruntergestiegen sind, biegen wir an der Informationstafel links ab. Der Weg führt uns mitten durch Haithabu. Wo sich einst das größte Handelszentrum des Nordens befand, gibt es heute nur noch Felder und Wiesen. Der Weg wird auf beiden Seiten von einem Knick aus Schlehen, Rosen, Brombeeren und Haselnüssen begrenzt. Nach ca. 15 Min. erreichen wir das andere Ende der Wallanlage. Hier können wir einen Abstecher machen: Links die Stufen zum Wall hinauf – in Richtung Noor –, um dann am Fuße des Walls wieder zum Ausgangspunkt zurückzukehren. Wir folgen dem ursprünglichen Weg weiter geradeaus durch einen Nadelwald. Wir erreichen Wedelsprang. Versteckt liegen ein paar Häuser hinter hohen Eichen. Der Ausschilderung „Wanderweg zur Noorbrücke" folgend, biegen wir links ab. Der Wegweiser lässt uns noch einmal rechts und einmal links abbiegen. Nach gut 5 Min. haben wir die Häuser hinter uns gelassen. Der Weg führt zwischen hohen Knicks hindurch. Die Kronen der Bäume schließen sich über uns zu einem dichten Dach.

Nachdem wir diese Wegstrecke passiert haben, wird der Weg breiter, führt durch einen Nadelwald und schlängelt sich dann um einen Pappelhain herum, in dem die Bäume bei Hochwasser nasse Füße bekommen. Hier

steht eine Nachbildung des großen Sigtrygg-Steines aus dem
10. Jahrhundert. Das Original
steht im Wikinger Museum. Der
Weg schlängelt sich weiter durch
das Schilf bis zur Noorbrücke. Bei
starken Ostwinden, wenn die
Schlei Hochwasser hat, steht das
letzte Stück Weg bis zur Brücke
unter Wasser, aber selten mehr
als 20 cm (ohne Gewähr!), so
dass man mit Gummistiefeln oder
barfuß auch in solchen Situatio-
nen dieses Stück bewältigen
kann. Von der Brücke haben wir
einen herrlichen Blick über das
Noor und die Feuchtwiesen bis
Schleswig.

Die Verbindung zwischen dem
Haddebyer Noor und dem Selker
Noor wurde schon zur Zeit der
Wikinger genutzt. Davon zeugt
der Hohlweg, den wir jetzt vor
uns haben. Der tiefe Einschnitt in
das Steilufer entstand durch Bo-
denerosion, weil sich durch die
starke Wegnutzung keine schüt-
zende Pflanzendecke bilden
konnte. Das Regenwasser hat
den sandigen Boden in den Jahr-
hunderten weggespült. Wir biegen links ab und steigen die 48
Stufen zum Steilufer hinauf. Hier
oben sollten wir uns eine Pause
gönnen und die herrliche Aussicht genießen. Der Weg führt
wie eine Berg-und-Tal-Bahn an
der Steiluferkante entlang. Weiter
geht es durch Buchenwälder, auf
der linken Seite klammern sich

die Bäume an den steil abfallenden Hang. Der Weg knickt nach
rechts ab und gibt den Blick über
das Noor frei.

Zwischen Weiden steigen wir
bergab zu einer Badestelle und
entdecken, versteckt hinter Bäumen, einige Häuser von Loopstedt. Der Weg windet sich weiter
durch Wäldchen und Schilf, führt
an einer Quelle vorüber, um dann
wieder 20 Stufen anzusteigen.
Auf beiden Seiten des Weges
stehen Schlehen, Brombeeren
und Holunder, deren Dolden dun-
kelrot in der Herbstsonne leuchten. Wir erreichen den Parkplatz
an der B 76, überqueren die
Straße und biegen links ab nach
Haddeby. Das Stück bis Haddeby
müssen wir auf dem Radweg
neben der Straße gehen. Nach
10 Min. erreichen wir die Fußgängerampel. Wenn wir hier die
Bundesstraße überqueren, kommen wir nach ca. 150 m wieder
zum Parkplatz des Wikinger Museums.

Wollen wir nach Schleswig zu-
rücklaufen, biegen wir hinter der
Ampel rechts ab und gehen den
Weg in umgekehrter Richtung,
wie unter Schloss Gottorf–Wikinger Museum beschrieben.

Der Große Sigtrygg-Runenstein
am Haddebyer Noor

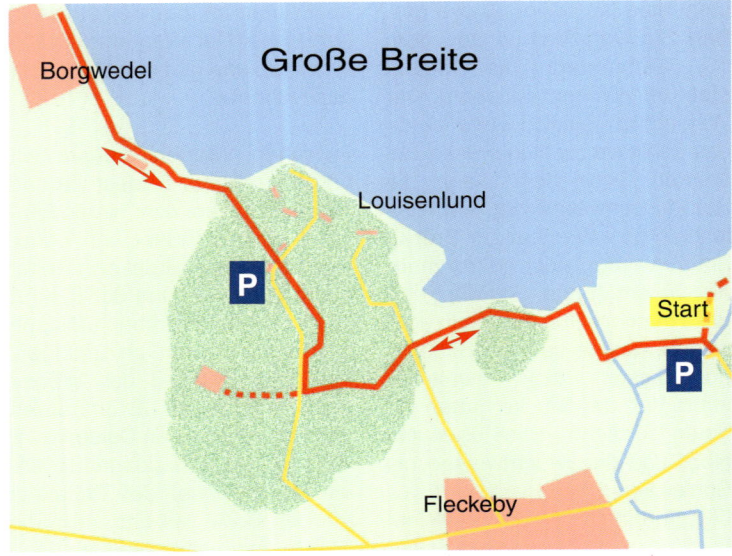

Von Fleckeby nach Borgwedel

Wandern durch Wald und Schilf

Von Fleckeby (Parkplatz), vorbei am Yachthafen und Louisenlund, nach Borgwedel.

☞ Zeit: 2 Std. 40 Min.
Hin- und Rückweg

Den Parkplatz beim Yachthafen erreichen wir, wenn wir (von Schleswig kommend) 300 m hinter dem Ort Fleckeby links einbiegen (kleines rundes Schild: Sportboothafen Fleckeby) und noch 400 m (bis zur Au) auf der schmalen Zufahrtsstraße zum Yachthafen weiterfahren.

Vom Parkplatz gehen wir über die Brücke der Au, biegen links ab und folgen dem von hohen Knicks gesäumten Weg. Nach drei Min. gehen wir an der Abzweigung geradeaus weiter und erreichen wenig später einen Entwässerungsgraben. Wir überqueren die Brücke und biegen rechts ab. Zwischen dem Entwässerungsgraben und einem großen Schilfgebiet folgen wir dem Weg bis zum Deich.

Dort biegen wir links ab. Die Große Breite zur Rechten, das ausgedehntes Schilfgebiet zur Linken, gehen wir auf dem Deich an den beiden Yachthäfen von Fleckeby vorbei. Bald darauf führt der Weg in einen Mischwald. In den tiefen Stellen wachsen Pappeln und Erlen, die bei Hochwasser die Füße im Wasser haben. Nach 15 Min. überqueren

wir die Straße zum Schulgelände Louisenlund, dessen Zugang nicht gestattet ist. Wir gehen geradeaus weiter durch den jetzt überwiegend aus Buchen bestehenden Wald, kommen an einem Blockhaus und einem kleinen See vorbei und erreichen nach 30 Min. die Straße Schlagtor. Wir gehen die Straße etwa 50 m rechts entlang, biegen dann rechts und gleich wieder links ab auf einen schmalen Pfad, der etwa parallel zur Straße verläuft.

An der Weggabelung, die wir nach Überqueren des kleinen Grabens erreichen, halten wir uns links und kommen nach 40 Min. am Tennisplatz von Louisenlund an.

☞ Zeit: Vom Parkplatz Louisenlund nach Borgwedel
1 Std. 20 Min.
Hin- und Rückweg

Wer die Wanderung am Parkplatz Louisenlund beginnen möchte, geht die Straße weiter in Richtung Louisenlund, vorbei am Tennisplatz, bis zu den zwei Häusern auf der linken Seite. Wir biegen in den Weg ein, der zwischen den Häusern hindurchführt.

Wir gehen am Tennisplatz entlang, überqueren die Zufahrtsstraße und nehmen den Weg in den Buchenwald, zwischen den beiden Häusern hindurch. Nach ein paar hundert Metern erreichen wir eine Wegkreuzung. Wir gehen geradeaus und folgen dem zum Ufer abfallenden Waldweg, der den Blick auf die Große Breite freigibt. Am Ufer biegt der Weg nach links ab und verläuft entlang der Schlei, anfänglich durch Schilf. Der Weg kann bei stärkerem Ostwind (Hochwasser) manchmal sehr nass sein. Wir gehen weiter am Ufer entlang, überqueren das Gelände der Schrader Marina, bis wir Borgwedel erreichen.

Bild links oben: Louisenhof
Bild links unten: Im Wald bei Louisenlund
Schilf am Wanderweg

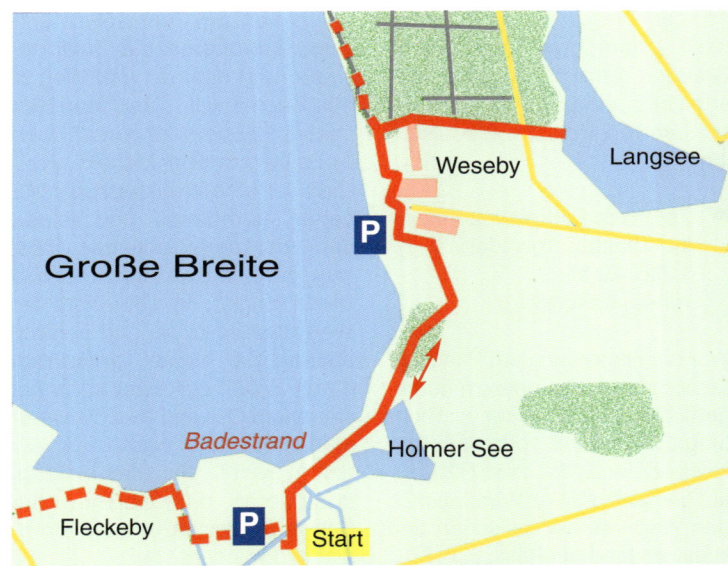

Langsee

Weseby

Große Breite

P

Badestrand

Fleckeby

P

Holmer See

Start

Von Fleckeby zum Langsee

Wandern durch Feld und Flur

☞ Zeit: 2 Std.
Hin- und Rückweg

Ausgangspunkt ist der Sportboothafen Fleckeby. Diesen erreichen wir, wenn wir (von Schleswig kommend) 300 m hinter dem Ortsende von Fleckeby links abbiegen und der Ausschilderung zum Sportboothafen folgen. Bevor wir die Au überqueren finden wir einen Parkplatz (siehe Wanderung ab Parkplatz).

Bild links: Heideblüte am Wegrand
Bild oben: Wanderweg bei Weseby

Wanderung vom Yachthafen zum Langsee

Gegenüber dem Hafen führt ein schmaler Weg über den Deich. Einen Entwässerungsgraben zur Linken, hohes Schilf zur Rechten, folgen wir dem Weg, bis wir nach 300 m eine Brücke erreichen. Dort biegen wir links ab, überqueren die Brücke und gehen die nächsten 500 m auf einem beidseitig von hohen Knicks gesäumten Weg.

Wanderung ab Parkplatz
An der nächsten Wegkreuzung haben wir auf der rechten Seite einen mit Birken eingefassten

Die Große Breite mit der Badestelle

Parkplatz, auf dem sich auch eine Infotafel befindet. Wir biegen links ab in Richtung Wasser.

Wir erreichen wieder das Schlei-ufer und überqueren die kleine Brücke, unter der sich ein Sperr-werk verbirgt. Der Sandweg verläuft anfangs auf einem Deich, der die Feuchtwiesen und den Holmer See von der Schlei trennt. Der Weg biegt nach ca. 15 Min. rechts ab und schlängelt sich zwischen den Wiesen hindurch etwas bergauf, um uns einen herrlichen Rundblick über die Große Breite zu ermöglichen.

Am Parkplatz in Weseby (Infotafel, Telefonzelle) geht es weiter geradeaus. Die Straße hat jetzt sogar einen Namen: Schleiblick. 3 Min. später biegen wir beim Reetdachhaus rechts ab, kom-

men an ein paar Ferienhäusern vorbei und erreichen den Parkplatz am Waldrand. Wir steigen über den niedrigen Wall, biegen rechts ab und folgen dem Weg, der an dem Waldsaum verläuft. Der Nadelwald hat als Abschluss eine Reihe Lärchen, die sich im Frühling mit ihrem zarten Grün hervorheben, aber ihre ganze Schönheit erst im Herbst zeigen, wenn sich ihre Nadeln goldgelb färben. Zehn Minuten später überqueren wir die Straße nach Missunde und erreichen auf einem schmalen Pfad das Ufer des Langsees. Das dichte Unterholz versperrt allerdings viel von der Sicht auf den See.

Missunde

Die Schlei erreicht in der Enge von Missunde mit 135 Metern ihre schmalste Stelle. Schon in der Jüngeren Steinzeit war dieser Ort von besonderer Bedeutung. Davon zeugt die Steinkammer am Ortseingang des Dorfes Missunde auf der Schwansener Schleiseite. Im Sommer herrscht auf beiden Seiten des Schleiufers und in der engen Fahrrinne ein buntes Treiben. Bootshafen und Campingplätze sorgen für einen kurzweiligen Spaziergang entlang des Schleiufers. Wer hungrig wird, findet auf dem Angelner Ufer das „Missunder Fährhaus" und auf der Schwansener Seite das Café „Miss Sunde".

So friedlich ging es hier aber nicht immer zu. Die Missunder Enge war in der Geschichte wiederholt ein Schauplatz kriegerischer Auseinandersetzungen zwischen Schleswig-Holsteinern und Dänen sowie später zwischen Preußen und Dänen.

Die älteste Urkunde der Fährverbindung über die Missunder Enge geht auf das Jahr 1471 zurück, als König Christian I. das Fährrecht auf Heinrich Bode übertrug. Fast 500 Jahre wurde die Fähre per Muskelkraft bewegt, bis sie 1969 durch eine motorbetriebene Seilfähre abgelöst wurde.

Auf dem Angelner Ufer, neben dem ehemaligen dänischen Zollhaus von 1805 – heute die Gaststätte Missunder Fährhaus – befindet sich die Anlegestelle für die Ausflugsschiffe.

Bild unten: Fähre in Missunde
Bild rechts: Steinkammer an der Abzweigung zum Dorf Missunde

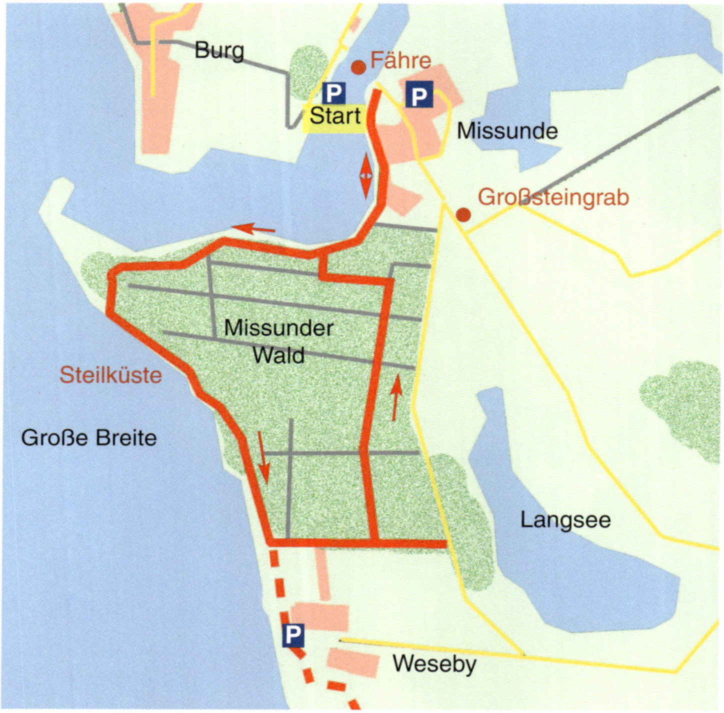
Burg
Fähre
P
Start
P
Missunde
Großsteingrab
Missunder
Wald
Steilküste
Große Breite
Langsee
P
Weseby

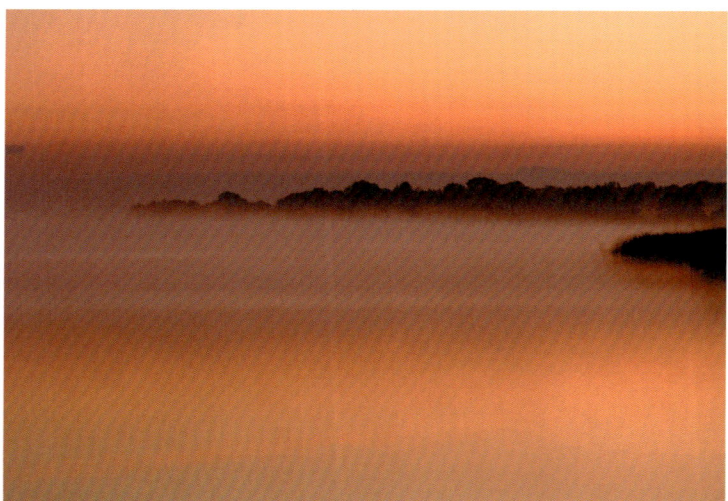

Vom Fähranleger zur Steilküste

Durch den Wald zum aktiven Kliff

Der Wald, der sich zwischen Missunde, der Großen Breite und Weseby erstreckt, ist das größte Waldgebiet an der Schlei und zählt zu den beliebtesten Wanderzielen in der Umgebung. Der Weg entlang den Steilküsten bietet wunderschöne Ausblicke über die Große Breite bis nach Schleswig und über die Engstelle von Missunde. Eine Herbstwanderung durch den Mischwald mit den vielen Lärchen, deren Nadeln in allen Gelb- und Ockertönen leuchten, wird sicher ein unvergessliches Erlebnis sein.

☛ Zeit: 1 Std. 30 Min.
  Rundweg

Unsere Wanderung beginnt am Fähranleger Missunde, am Ufer von Schwansen. Von der Fähre kommend, biegen wir gleich zwischen der alten Fährmanns-Glocke und dem ersten Haus auf der rechten Seite rechts ein, in Richtung Große Breite. Der Weg führt dicht an der Schlei entlang und heißt auf dem Stück bei den Sommerhäuschen Schleiufer. Er wird am Ende der Häuser zu einem schmalen Pfad, der sich zwischen Heckenrosen zur Abbruchkante der Steilküste hinaufwindet.

Oben angekommen, halten wir uns rechts (auf dem linken Weg kommen wir zurück). Von hier oben genießen wir, durch die Bäume hindurch, einen herrlichen Blick über die Missunder

Bild unten: Herbststimmung im Wald von Missunde

45 Min. Wir haben das Ende des Steilufers erreicht. Vor uns liegt ein großes Schilfgebiet. Der Weg entlang am Ufer geht weiter nach Weseby. Wir biegen links ab und folgen dem Weg, der zwischen Schilf und Wald hindurchführt. An der Weggabelung am Ende des Schilfgebietes biegen wir erst links und gleich wieder rechts ab. 5 Min. später biegen wir in einen breiteren Forstweg links ein. Diesen Weg gehen wir ca. 12 Min. geradeaus, überqueren in dieser Zeit drei Forstwege und erreichen die vierte Wegkreuzung (Wildschutzzaun). Hier biegen wir links ab (der Weg geradeaus führt zum Forsthaus an der Straße Missunde–Weseby). 5 Min. später erreichen wir die nächste Kreuzung und biegen rechts ab. Am Tor halten wir uns links, Brombeeren säumen unseren Weg, und nach ein paar Minuten erreichen wir wieder das Schleiufer. Wir biegen links ab und befinden uns auf dem Weg, den wir am Anfang unserer Wanderung benutzten. 10 Min. später erreichen wir den Fähranleger.

Enge und auf das gegenüberliegende Ufer von Burg. Wir gehen weiter, immer am Ufer entlang, bis wir nach 20 Min. – nun wieder auf Meereshöhe – das Landschaftsschutzgebiet erreichen. Wir biegen links ab, folgen dem Weg am Wildschutzzaun entlang. Den ersten Waldweg am Ende des Zaunes überqueren wir und gehen geradeaus weiter. Am nächsten Weg biegen wir rechts ab und erreichen nach kurzer Zeit das Steilufer der Großen Breite. Am Ufer gehen wir links in Richtung Weseby. Der Weg verläuft direkt an der Abbruchkante der Steilküste. Wasser und Winderosion nagen ununterbrochen an dieser Küste, davon zeugen die abgestürzten Bäume, die im Wasser liegen. Der Weg rutscht auch manchmal auf einigen Stellen ab. Vorsicht ist hier geboten!

Bild oben: Herbstwald
Bild rechts: Steilküste an der Großen Breite

Ulsnis

Eine Anlegestelle für den Schleidampfer, ein kleiner Segelhafen,
ein Familien-Erholungsheim, alte
Reetdachhäuser mit Runderkern,
schöne Wohnhäuser mit Spros-
senfenstern und zierlichen Eck-
türmen, das ist Ulsnisland am

Nordufer der Schlei. Einen Kilometer nördlicher liegt Ulsnis.
Das gepflegte Dorf ist durch
seine etwas erhöht stehende Kirche bekannt. Von dieser Anhöhe
hat man einen schönen Blick auf
die Schlei und die hügelige Moränenlandschaft Angelns. Die St.-
Willehads-Kirche gehört zu den
33 romanischen Dorfkirchen, die
im 12. Jahrhundert in Angeln entstanden. Neben den heimatli-
chen Feldsteinen wurde auch
Tuffstein zum Bau benutzt, der
auf dem Wasserweg vom Rhein
nach Angeln kam. Im 16. Jahrhundert erhielt die Kirche einen
hölzernen Glockenturm, der ge-
trennt neben dem Steinbau steht.
Bemerkenswert sind die ver-
schiedenen Bildsteine in der un-
teren Außenmauer der Kirche.
Das Heimatmuseum von Ulsnis-
Kius zeigt eine Sammlung histo-
rischer Handwerksgeräte sowie

alte Bilder und Fotografien des Ortes. Voranmeldung: Tel. 0 46 41-33 28

Im Gemeindegebiet sind 22 Wanderwege von 0,9 bis 4,8 km Länge verschiedenfarbig ausgeschildert.. Die Informationstafeln zu den Wanderwegen befinden sich am Schiffsanleger in Ulsnisland, beim Gasthaus an der Kirche in Ulsnis, in Ulsnis-Kius, in Gunneby und in Hestoft.

Start

Kirche

Stauertwedt

Ulsnis

Badestelle

Ulsnisland

Wandern am Gunnebyer Noor

Von der Kirche zur Badestelle

☛ Zeit: ca. 2 Std. Rundweg

Ausgangspunkt ist der Parkplatz an der Kirche in Ulsnis. Von dort biegen wir rechts in die Schleidörfer Straße ein, gehen an einer Informationstafel mit den Wanderwegen vorbei und biegen nach 50 m zwischen der Kirche und dem Gasthaus rechts in die kleine Straße nach Hesselmühle ein. Wir verlassen den Ort und folgen der von hohen Knicks eingefassten Straße. Wenig später halten wir uns vor einem Gehöft links und erreichen bald darauf eine Weggabelung mit einem dreieckigen Mittelstück. Hier biegen wir wieder rechts ab und folgen dem grünen Pfeil. Die schmale Straße führt uns weiter durch Felder, biegt nach 250 m vor dem Schild „Sackgasse" nochmals rechts ab und führt an

51

einem Reetdachhaus vorüber. In der nächsten Linksbiegung verlassen wir die befestigte Straße, gehen an zwei Gartentoren vorbei und folgen dem Schild „Wanderweg". Der schmale Grasweg windet sich um das Hafengelände des Segelclubs herum. Anfangs säumen hohe Knicks den Weg. Nach einer Rechtskurve folgen wir dem eingezäunten Weg, der uns zwischen dem schilfbewachsenen Ufersaum der Schlei auf der einen und grünen Weiden auf der anderen Seite nach Süden führt. Zeitweise können wir auf dem Flachwasser-Gebiet des Gunnebyer Noors Hunderte von Blesshühnern beobachten. Auf einer kleinen Brücke überqueren wir einen Bach. Schließlich gelangen wir zur Badestelle und biegen rechts ab (grüner Pfeil). Die Straße „Hagab", auf der wir uns nun befinden, führt

uns zuerst durch einen Wald, anschließend zwischen knickgeschützten Feldern hindurch. Nach einer S-Kurve biegt rechts ein Feldweg ab, den benutzen wir nicht, sondern halten uns links und bleiben auf dem geteerten Weg. Der Weg endet an der Straße von Ulsnisland nach Ulsnis. Hier biegen wir rechts ab, folgen dem roten und blauen Pfeil und erreichen nach ca. 300 m die Hauptstraße. Dort biegen wir wiederum rechts ab, dem Schild Süderbrarup folgend, und gehen durch den Ort bis zu unserem Ausgangspunkt.

Bild unten: Morgenstimmung am Gunnebyer Noor
Bild rechts: Allee in Ulsnis

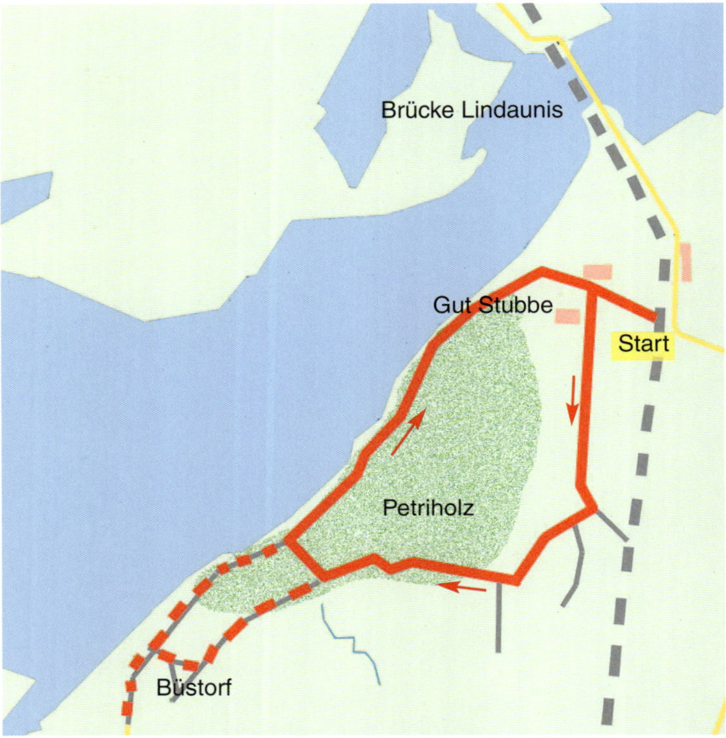
Brücke Lindaunis
Gut Stubbe
Start
Petriholz
Büstorf

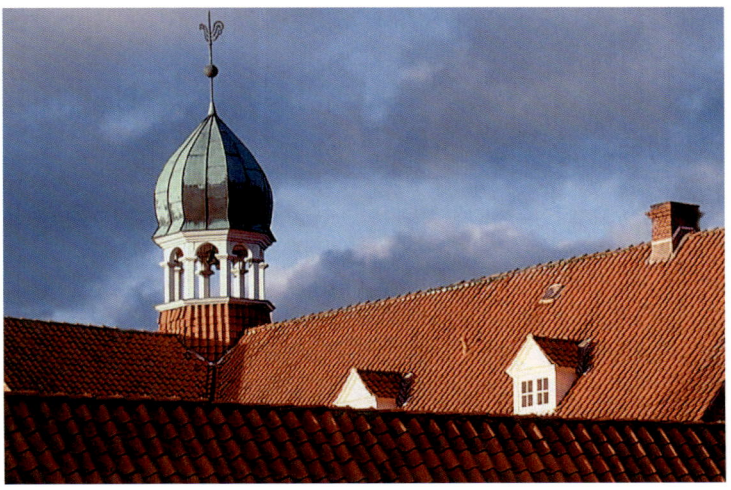

Wanderung am Gut Stubbe

Über viele Hügel führt der Weg

Die ausgeprägte Hügellandschaft zwischen der Schlei und Rieseby ist ein abwechslungsreiches Wandergebiet.

☛ Zeit: 1 Std. 40 Min.
   Rundweg

Fernab vom Autoverkehr wandern wir zwischen den sanft geschwungenen Feldern hindurch, kommen durch die Mischwälder von Petriholz und Gut Stubbe, um anschließend am Ufer der Schlei wieder unseren Ausgangspunkt zu erreichen.

Unsere Wanderung beginnt am Bahnübergang zum Gut Stubbe. Nur Anliegern ist es gestattet, mit ihrem Auto auf dem breiten Weg zu fahren. Wir folgen ihm bis zum Gut Stubbe. Nach ein paar Minuten sehen wir das Gebäude mit dem Türmchen und dem großen roten Dach vor uns. Auf der linken Seite zweigt vor dem Pferdestall ein Weg ab. Diesem Weg folgen wir durch die hügelige Landschaft

Bild links: Gut Stubbe, Glockenturm
Bild unten: Hügelgrab aus der Bronzezeit

zwischen Feldern und Wiesen hindurch, bis wir ca. 30 Minuten später Petriholz erreichen. Das kleine Haus versteckt sich auf der rechten Seite hinter den Bäumen. An der Weggabelung biegen wir rechts ab, in den Wald hinein.

Das Schild „Wanderweg" zeigt in die Gegenrichtung/Pfahl mit den Nr. 1 + 2.

Vorbei an dem Zufahrtsweg nach Petriholz, kommen wir an eine Schranke (Schild Nr. 2). Der Weg, der vor der Schranke links abzweigt, führt nach Rieseby. Geradeaus an der Schranke vorbei geht es weiter, anfangs durch den Wald, später zwischen Feldern hindurch, bis der Weg sich um das nächste Waldstück windet. Wir gehen am Waldrand entlang, wo die Bäume ihre Äste wie einen Schirm über uns ausbreiten. Kurz bevor ein Wasserlauf unseren Wanderweg kreuzt, verlassen wir den Weg nach Büstorf, folgen dem Schild „Wanderweg" und biegen rechts in den Wald ein. An der ersten Weggabelung gehen wir geradeaus. Wenig später erreichen wir den Weg, der am Schleiufer verläuft. Wir biegen rechts ab (links geht es am Ufer entlang nach Büstorf). Der Wald reicht bis an das Ufer heran. Der

Wanderweg am Schleiufer

Weg schlängelt sich wie eine „Berg-und-Tal-Bahn" an der Steilküste entlang, mal in zwei, mal in zehn Metern Höhe über der Schlei. Kleine Wasserläufe sind mit Baumstämmen überbrückt, damit wir beim Überqueren keine

nassen Füße bekommen. Bevor der Weg sich bei den ersten Häusern vom Schleiufer entfernt, haben wir vom Strand beim Bootsanleger einen schönen Blick auf die Klappbrücke Lindaunis.

15 Minuten vor jeder vollen Stunde wird die Brücke für die Schifffahrt geöffnet.
Auf dem breiten Zufahrtsweg des Gutes erreichen wir wieder unseren Ausgangspunkt am Bahnübergang.

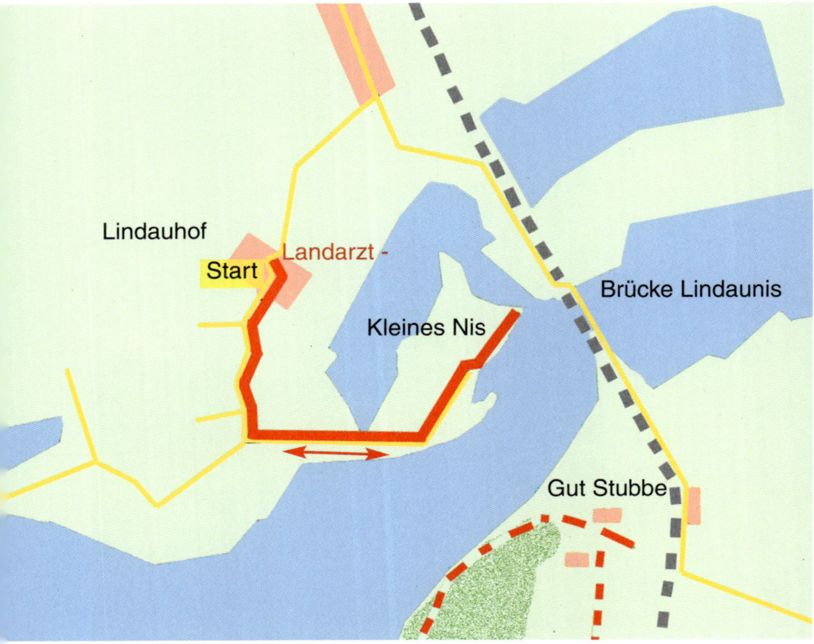

Lindauhof

Start
Landarzt -

Kleines Nis

Brücke Lindaunis

Gut Stubbe

Lindauhof – die ZDF-„Landarzt"-Praxis

**Von der ZDF-„Landarzt"-Praxis
zum Kleinen Nis**

Wo einst eine königliche Wehr-
burg stand, baute Bertrau Rath-
low im 16. Jahrhundert das
reetgedeckte Herrenhaus, das
bis heute kaum verändert wurde.
Im Innern befindet sich ein Ritter-
saal mit Balkendecke. Die baro-
cken Aufbauten der großen
Kamine befinden sich im Schleswiger Landesmuseum Schloss
Gottorf. Das Gebäude, das seit
1981 unter Denkmalschutz steht,
beherbergt heute ein Café. Der
Lindauhof diente schon öfter als
Filmkulisse. Die Filme „Reise
nach Tilsit", „Der Stechlin", „Onkel
Bräsig" und nicht zuletzt die Fern-
sehserie der „Landarzt" wurden
hier gedreht.
Sollte der Landarzt uns etwas
Bewegung verordnen, dann können wir eine Wanderung zum
„Kleinen Nis" machen und die

Bild links: Morgenstimmung auf der Schlei
Bild unten: ZDF-„Landarzt"-Praxis

59

1926 errichtete Eisenbahn-Klappbrücke von der Wasserseite bewundern.

☛ 1 Std. Hin- und Rückweg

Wir gehen die schmale Asphaltstraße, die an seiner „Praxis" vorbeiführt, in Richtung Südwesten. Die Straße führt durch eine kurze

Allee mit hohen Bäumen. Bei den zwei Weggabelungen halten wir uns jeweils links.

Nach 15 Min. (1 km) biegt links ein geteerter Weg zur Schlei ab, dem wir folgen. Am Schleiufer knickt der Weg nach links ab und verläuft weiter am Ufer durch die hügelige Moränenlandschaft des „Kleinen Nis". Nach 30 Min. Wanderung erreichen wir eine Schranke auf der rechten Seite des Weges. Hier biegen wir rechts ab und gehen bis zur Spitze des „Kleinen Nis". Von hier aus lässt sich das rege Treiben der Segler gut beobachten, wenn – jeweils 15 Minuten vor jeder vollen Stunde – die Brücke geöffnet wird.

Bild oben: Wegweiser zum Landarzt
Bild rechts: Morgenstimmung

Sieseby – ein Märchendorf aus einer anderen Zeit

Eigentum verpflichtet! Dieser Grundsatz hat in Sieseby Tradition und gilt noch heute. Im vorigen Jahrhundert erwarb der Hamburger Kaufmann Anton Schäffer das Gut Bienebek, zu dem auch das Dorf Sieseby, Wohnsitz der Gutsbediensteten, gehörte. In den folgenden sechs Jahren verschönerte er das Gut und machte aus dem Dorf ein Schmuckstück mit reetgedeckten Fachwerkhäusern. Er verkaufte dann das Anwesen an die herzogliche Familie von Schleswig-Holstein, in deren Besitz noch heute der größte Teil im „Unterdorf" ist.

Die alte Bausubstanz der denkmalgeschützten Häuser erfordert bei der Instandhaltung und Restaurierung viel Fingerspitzengefühl. Dem heutigen Besitzer Prinz Christoph zu Schleswig-Holstein

ist es gelungen, Sieseby als lebendes Denkmal zu erhalten.

An dieser Stelle eine Bitte an alle Besucher von Sieseby: Nehmen Sie auf die Privatsphäre der Einwohner Rücksicht.

Erste urkundliche Eintragungen gehen auf das Jahr 1270 zurück. Die weiß getünchte Kirche mit ihrem 80 Fuß hohen Glockenturm stammt aus dem 13. Jahrhundert. Eine Schule, einen Kaufmann oder Bäcker gibt es in Sieseby nicht mehr, dafür aber Ein gutes Feinschmecker-Restaurant „Alt Sieseby"

Im Sommer hält der Schleidampfer am Anleger beim alten Fährhaus und bringt die Touristen nach Sieseby.

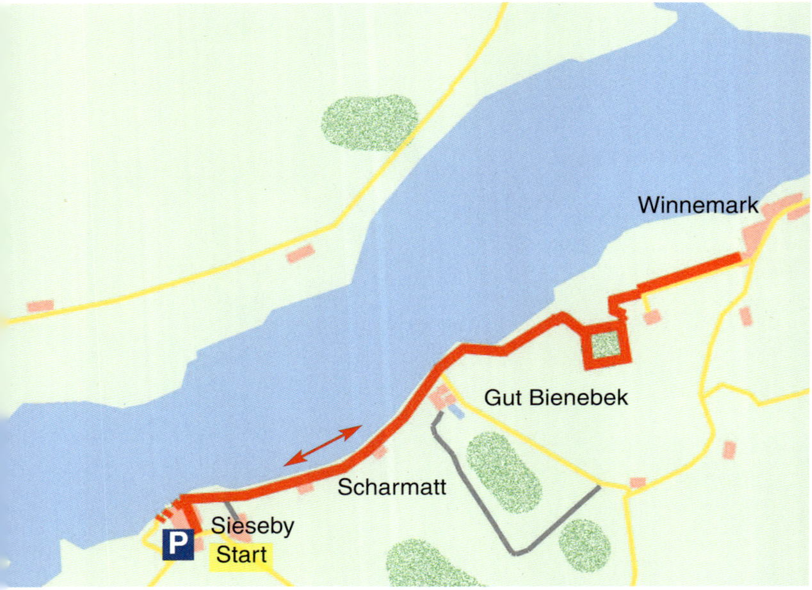
Winnemark
Gut Bienebek
Scharmatt
Sieseby
P
Start

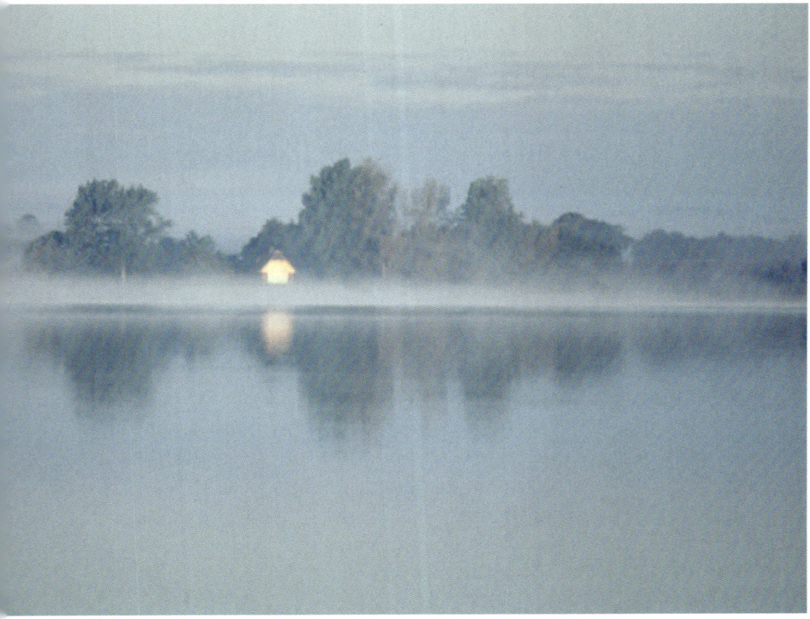

Von Sieseby nach Winnemark

Sieseby, das Dorf der Reet-dachhäuser

☛ Zeit: 2 Std. 30 Min.
   Hin- und Rückweg

Das alte Kirchdorf Sieseby mit seiner romanisch-gotischen Kirche und seinen reetgedeckten Fachwerkhäusern ist unser Ausgangspunkt.
Wir beginnen die Wanderung am öffentlichen Parkplatz an der Dorfstraße. Der Ausschilderung zur Kirche folgend, gehen wir die Dorfstraße entlang. Jedes der

vielen Reetdachhäuser ist ein Schmuckstück. Die Kirche auf der linken Seite ist hinter den hohen Bäumen kaum zu sehen. Die Straße endet am Ufer der Schlei. Links beginnt die Alte Schulstraße, führt am Anleger der Ausflugsschiffe vorbei, weiter durch den Ort.
Wir biegen für unsere Wanderung in den Feldweg rechts ein. Der Weg verläuft neben der breiten Schilfkante am Ufer der Schlei entlang. Nach einem Kilometer kommen wir einem weißen Wohngebäude mit einem großen

Bild links: Morgenstimmung über der Schlei
Bild unten: Reetdachkate Scharmatt

Reetdach vorbei. Der Weg geht weiter an der Schlei entlang. Bevor wir Bienebekmühle erreichen, steigt der Weg etwas an und verläuft 10 Meter oberhalb der Wasserlinie. Nach Überqueren einer kleinen Brücke *35 Min.* erreichen wir Gut Bienebek. Der Speicher mit dem großen Reetdach und den vielen Erkern ist eine Augenweide.

Die Straße, die rechts abbiegt, führt nach Sensby. Wir folgen dem Weg geradeaus an der Schlei entlang. Erlen und Schilf trennen uns von der Wasserkante auf der linken Seite. Der Weg hat sich von der Schlei entfernt *50 Min.* und führt durch Felder zu einem Waldstück. Bei der Wegkreuzung vor dem Wald biegen wir links ab, kurz darauf, am Ende des Waldes, noch einmal links.

Variante: Wir können auch um den Wald herumgehen, indem wir vor dem Wald nicht links abbiegen, sondern geradeaus weitergehen (siehe Karte).

Kurvenreich schlängelt sich der Weg zwischen Feldern und knickgeschützten Wiesen hindurch, bis er die Straße Steinerholz erreicht, die uns geradeaus nach Winnemark führt, das wir nach zehn Minuten erreichen.

Bild unten: Kirche in Sieseby
Bild rechts: Reetdachhaus in Sieseby

Bad Arnis

ersten schweren Jahren entwickelte sich die neue Siedlung zur führenden Metropole für Schiffbau, Schifffahrt und Handel an der Schlei. Die Handelsflotte zählte zeitweise 90 Schiffe, die bis in die Karibik fuhren. Der Hauptabsatzmarkt war aber Dänemark. Der Deutsch-Dänische Krieg von 1864 vernichtete den Reichtum der Stadt schlagartig, weil der wichtigste Absatzmarkt wegfiel. Den endgültigen Niedergang der Segelflotte brachten wenig später die Motorschiffe.

1796 wurde Arnis durch den Bau eines Dammes im Südwesten der Stadt zur Halbinsel. Finanziert wurde der Bau durch eine Mautgebühr. Man errichtete an dem neuen Ortseingang eine Schranke, und für jedes Pferd, das den Schlagbaum passierte, musste ein Sechsling gezahlt werden. Der Neue Damm, die heutige Straße nach Arnis, wurde erst 70 Jahre später gebaut. Trotz der Sturmfluten, die den Bewohnern der flachen Halbinsel das Leben oft schwer machten, hat Arnis noch ein malerisches Stadtbild. Bei einem „Stadtbummel" entdeckt man sehenswerte Häuser, manche noch mit den vorgebauten Utluchten.

Die kleinste Stadt in Deutschland

Über 330 Jahre liegt die Gründung der kleinsten Stadt Deutschlands zurück. Es waren 64 Kappelner Familien, die der drohenden Leibeigenschaft des Gutsherrn Detlef von Roest entkommen wollten. Sie flüchteten 1667 ins Fürstentum Gottorf (Schleswig). Fürst Christian Albrecht von Gottorf wies ihnen die Schleiinsel Arnis zu und verlieh ihnen die nötigen Rechte für Schifffahrt und Handel. Nach

Bild oben: Kirchturm von Arnis
Bild oben rechts: Fähre in Arnis
Bild rechts: Häuserzeile in der Langen Straße

Die Fachwerkkirche mit dem Glockenturm aus Holz versteckt sich hinter hohen Bäumen im Südwesten der Stadt. Die Schiffsmodelle in ihrem Innenraum sind Votivgaben, gespendet von Seeleuten als Dank für ihre glückliche Heimkehr.

Wie Arnis zu der Bezeichnung Bad und zu Stadtrechten kam, ist der Informationstafel am Parkplatz zu entnehmen.

69

Segelhafen

P Start

Fähre

Arnis

Schlei

Schifferkirche

Badestelle

Rund um Arnis

Wandern zwischen Werften und Heckenrosen

☞ Zeit: 45 Min. Rundweg

Ausgangspunkt ist der Parkplatz auf der rechten Straßenseite, gleich hinter dem Ortsschild „Arnis". Vom Stadtplan, der an der Parkplatzeinfahrt hängt, sind es nur ein paar Schritte in Richtung Stadt, bis der Fußweg, der rund um die Halbinsel führt, die Straße kreuzt. Wir überqueren sie und biegen vor dem ersten Haus links in den Fußweg ein. Er verläuft zwischen den langen, schmalen, gepflegten Gärten und der Ausbuchtung der Schlei, in der sich der große Yachthafen befindet. Eine Schilfkante begrenzt die seichte Uferzone.

Ein Fischerboot dümpelt träge an einem kleinen Holzsteg. Netze trocknen in der Sonne.

Wir überqueren den Slip einer Yachtwerft, auf dem die Schiffe per Schlitten aus der Halle in ihr Element befördert werden, und erreichen das alte Mühlenhaus. Das Dach hat noch den Erker, aus dem einst der Balken für den Flaschenzug herausragte. Der Weg biegt nach rechts ab, kurz darauf erreichen wir das Ende der Langen Straße und auch das Ende der Halbinsel. Der Fußweg geht

71

dem Restaurant „Strandhalle" rechts abzweigt, gehen wir vorbei und biegen 30 m hinter dem Restaurant, bei der Badestelle und dem Kinderspielplatz, scharf rechts ein und gehen auf das kleine schmiedeeiserne Tor des Kirchhofes zu.

Wem dieser Rundweg zu kurz ist, der kann auf dem Alten Damm an der Schlei geradeaus weitergehen und über Grödersby zurück nach Arnis wandern (siehe Seite 74 ff.).

Durch das schwarze Eisentor betreten wir den Friedhof und gehen zur Kirche von Arnis. Der Fachwerkbau mit dem hölzernen Glockenturm macht diese Kirche unverwechselbar. Im Innenraum der Kirche befinden sich Schiffsvotive, die von den heimkehrenden Seeleuten gespendet wurden. Heute halten sie die Geschichte von Arnis als Handelszentrum zur Zeit der großen Segelschiffe wach. Wir gehen über den Friedhof zum Tor zurück und biegen rechts ab. Unser Weg führt uns vorbei am Sportplatz. Danach folgen wir dem schmalen Fußweg, der uns zwischen langgestreckten Gärten und einer überwiegend aus hohen Pappeln bestehenden Baumreihe hindurchführt und an unserem Ausgangspunkt endet.

auf der gegenüberliegenden Seite der Langen Straße weiter und führt uns nun an der Schlei entlang. Rechter Hand sehen wir die schmalen langgestreckten Gärtchen und zu unserer Linken dümpeln Segel- und Motorboote an den zahlreiche Bootsstegen.

Das Ufer von Schwansen rückt bis auf 250 Meter an Arnis heran. Wir überqueren die Zufahrt zur Fähre, kommen noch an zwei Werften vorbei und sehen an der linken Seite den blauen Pfahlbau, das Café und Restaurant „Schleiperle". Wir gehen auf dem Fußweg geradeaus weiter.

30 Min. An dem Weg, der vor

Bild oben: Häuserzeile in der Langen Straße
Bild rechts: Haustür in der Langen Straße

Arnis–Grödersby–Arnis

Wandern auf dem Alten Damm

Unsere Wanderung führt uns über den Alten Damm, der 1796 gebaut wurde und aus der Insel Arnis eine Halbinsel machte.

☞ Zeit: 1 Std. Rundweg

Wir beginnen unsere Wanderung an dem Parkplatz direkt vor der Stadt. Nach ein paar Schritten in Richtung Stadt biegen wir vor den ersten Häusern gleich rechts in den schmalen Fußweg ein. Links reichen die für Arnis typischen, schmalen und langen Gärten bis zum Fußweg. Auf der rechten Seite begrenzt eine hohe Pappelreihe unseren Weg. Wir gehen immer geradeaus weiter, kommen am Sportplatz vorbei, bis wir links die Kirche entdecken, die sich hinter großen Weiden versteckt. Zwischen Kinder- spielplatz und Badestelle biegen wir rechts ab. Der Weg führt direkt am Schleiufer auf dem Alten Damm entlang. Selten reichen die feuchten Wiesen bis an den Deich, meistens liegt ein breiter Schilfgürtel davor. Nach *25 Min.* biegt der Weg rechts ab und entfernt sich von der Schlei.

Gesäumt von hohen Knicks führt der Weg uns durch die sanfthügeligen Felder bis zur Kreuzung Marienhofer Weg – Goostraat. Wir schwenken nach rechts und folgen dem Weg, bis wir im Dorf Grödersby die Hauptstraße erreichen. Hier biegen wir rechts ab und gehen den letzten Kilometer auf dem Rad- und Fußweg nach Arnis zurück. 15 Min. später erreichen wir wieder den Parkplatz in Arnis.

Kappeln

Die leuchtendweiße Mühle ist schon von weitem zu erkennen. Sie beherbergt heute das Touristenbüro und ein Trauzimmer des Kappelner Standesamtes. Aus ganz Deutschland reisen heiratswillige Paare in die Schleistadt, um sich in der Windmühle „Amanda" trauen zu lassen. Die 1888 erbaute „Amanda" ist mit 32 Metern Höhe die höchste Windmühle in Schleswig-Holstein.

Wie einst die alte Drehbrücke, bestimmt im Sommer die moderne Klappbrücke den Rhyth-mus der Stadt. Tagsüber öffnet sie sich 15 Minuten vor jeder vollen Stunde, und die wartenden Schiffe auf der Schlei können das Nadelöhr passieren.

Der Name Kappeln wurde von „Kapelle" abgeleitet, die in dieser Ansiedlung stand. In den Jahren 1789–1793 entstand die spätbarocke St.-Nikolai-Kirche nach den Plänen des „Hamburger Michel"-Baumeisters Sonnin. Der Kirchenname drückt die Verbundenheit der Stadt mit der Seefahrt aus, denn St. Nikolaus gilt als Schutzpatron der Seeleute.

Zwischen der Kirche und der Fußgängerzone liegt das Hotel „Aurora" – Drehort der ZDF-Serie „Der Landarzt".

Im Hafen pulsiert noch immer das Leben. Fahrgastschiffe legen nahe der Klappbrücke an, und in den Sommermonaten ist Kappeln bei den Seglern ein beliebter Anlaufpunkt.

Im Hafenbereich, direkt nördlich der neuen Klappbrücke, befindet sich Europas letzter Heringszaun. Früher standen bis zu 38 dieser Heringszäune in der Schlei, die den Schleifischern im März und April reiche Beute einbrachten, wenn die Heringsschwärme zum Laichen die Schlei hinaufschwammen und sich in den Heringszäunen verfingen. Noch immer schwimmen die Heringsschwärme zum Laichen im Frühjahr in die Schlei. Sehr zur Freude der Angler, die von der Hafenmole oder von Angelbooten ihr Glück versuchen, und die Heringstage um Christi Himmelfahrt locken jedes Jahr tausende von Besuchern an.

Bild unten: Kappelns Hafenpromenade mit der St.-Nikolai-Kirche
Bild rechts: Museumshafen

St. Nikolai-Kirche

Mühle
Amanda

P Start

Kappeln

Klappbrücke

Museumshafen

Königstein

Grödersby

Segelhafen

Arnis

P

Fähre

Schifferkirche

Wanderung von Kappeln nach Arnis

Wandern vom Heringszaun zur Ministadt

☛ Zeit: 2 Std.
  Hin- und Rückweg

Europas letzten Heringszaun und Deutschlands kleinste Stadt mit nur 128 Häusern verbindet ein Wanderweg, der uns – meist am Schleiufer entlang – diese herrliche Landschaft entdecken lässt.

Wanderung Kappeln–Arnis
Wir beginnen unsere Wanderung an der modernen Klappbrücke, dort, wo die Ausflugsschiffe festmachen. Wir folgen der Hafen-

Fischer neben der neuen Klappbrücke in Kappeln

Heringszaun in Kappeln

promenade in südlicher Richtung. Die Schlei zu unserer Linken, kommen an der Museumseisenbahn vorbei, bevor wir beim Yachthafen des ASC das erste Hinweisschild „Wanderweg" entdecken. Nun beginnt der ausgeschilderte Wanderweg Kappeln–Königstein–Arnis. Der Weg führt uns weiter, vorbei am Kappelner Museumshafen, in dem wir die herrlichen alten und liebevoll restaurierten Segelschiffe bewundern können. Ein Aushang am Museumshafen gibt Auskunft über Mitsegelmöglichkeiten auf den Oldtimerschiffen.

Der Fuß- und Radweg führt uns weiter am Ufer der Schlei entlang. Nach *15 Min.* erreichen wir den nächsten Yachthafen. 5 Min. später – wir haben das Gelände des „Ostsee Marine Service" hinter uns – wandelt sich das Land-

schaftsbild. Der befestigte Weg ist zu Ende, ein schmaler Pfad schlängelt sich durch Wiesen und von Knicks eingefasste Felder. Ein breiter Schilfgürtel wächst zwischen dem Wasser und den Wiesen, auf denen Kühe weiden. Wir überqueren eine kleine Holzbrücke, unter der ein Bach plätschert. Nach *30 Min.* erreichen wir das erste Haus von Königstein: ein weißes Reetdachhaus. Der schmale Pfad endet hier. Wir biegen rechts ab und folgen der Straße und der Ausschilderung „Wanderweg nach Arnis" bis zu der Abzweigung, die geradeaus zum Geflügelhof und rechts mit Wanderweg ausgeschildert ist. Wir folgen der Ausschilderung „Wanderweg".

Der Weg nach Arnis über den Geflügelhof wird auf dem Rückweg von Arnis nach Kappeln beschrieben. Wer sich den Weg nach Arnis jedoch um 15 Min. abkürzen möchte, kann auch an dieser Wegkreuzung in Richtung Geflügelhof weitergehen.

Einige Minuten später erreichen wir Grödersby. Die Königsteiner Straße, auf der wir uns befinden, mündet in die Dorfstraße. Wir biegen links ab und erreichen nach 100 m die Kreuzung Friedenshöher Straße. Wir biegen wieder links ab, dem Schild „Arnis 1 km" folgend und gehen auf dem Rad- und Fußweg direkt neben der Straße nach Arnis.

1Std. Wir erreichen den Parkplatz mit Informationen zu Deutschlands kleinster Stadt.

☛ **Rückweg**

Wir verlassen Arnis in Richtung Grödersby und gehen am Parkplatz und am Yachthafen vorbei. Am Ende des eingezäunten Grundstückes des Yachthafens biegt rechts ein Privatweg ein, mit dem Hinweis: „Betreten auf eigene Gefahr". Dieser Weg schlängelt sich zwischen Feldern und Schilfflächen hindurch bis zum Geflügelhof. Ab hier führt eine kleine Straße weiter. Nach 15 Min. erreichen wir die Abzweigung, an der wir auf unserem Hinweg rechts abgebogen sind (Geflügelhof-Wanderweg). Wir gehen geradeaus weiter und sind nun auf dem Weg, den wir auch auf dem Hinweg benutzt haben.

Fähranleger in Arnis

Maasholm

Tiefliegendes Land holt sich die See zurück.

Seit 1120 befand sich auf dem Wall zur Ostsee eine Handelsniederlassung und eine Burg als Schutz vor den Wenden. Beide fielen einer Sturmflut zum Opfer. Die Überlebenden bauten weiter westlich den neuen Ort „Norder-Schleimünde" auf. 1701 versank auch dieser Ort in den Fluten. Mit dem Einverständnis des Gutsherrn von Oehe bauten die Fischer ihren neuen Ort um den sechs Meter hohen Sandhügel, Standort der heutigen Kirche. Der Ort am Ende der Landzunge zwischen Schlei und Wormshöfter Noor bekam den Namen Maasholm (Moorinsel).

Fischerei und Handel waren der Haupterwerb der Maasholmer. Im

18. und 19. Jahrhundert zählte die Maasholmer Handelsflotte zeitweise vierzig Schiffe.

Bis Schleswig-Holstein 1864 preußische Provinz wurde, blühte der Handel. Dänemark war bis zu dieser Zeit der wichtigste Handelspartner. Gehandelt wurden überwiegend Mehl, Grütze und Käse – Überschüsse der heimischen Landwirtschaft. Durch die neue Grenze im Norden wurde der Handel mit dem wichtigsten skandinavischen Abnehmer wesentlich erschwert. Die Maasholmer mussten sich wieder verstärkt der Fischerei zuwenden.

Von den einst über dreißig hier beheimateten Fischkuttern sind nur noch wenige übriggeblieben, die noch zum Fang auslaufen. Von den früher 150 Fischern arbeiten heute noch etwa zehn in diesem Beruf.

Der Mittelpunkt von Maasholm ist aber immer noch der Hafen. Er wandelt sich mehr und mehr vom Fischerei- zum Freizeithafen für Yachten und Ausflugsschiffe.

Einen Bummel durch den Ort sollte man auf keinen Fall versäumen. Die kleinen, schmucken Häuser sind liebevoll gepflegt und geben dem Ort viel Atmosphäre.

Ein Fußweg führt an der erhöht gelegenen Kirche vorbei und verläuft entlang des Noorufers.

Bild linke Seite: Historische Bootsplätze
Bild unten: Fischereihafen von Maasholm

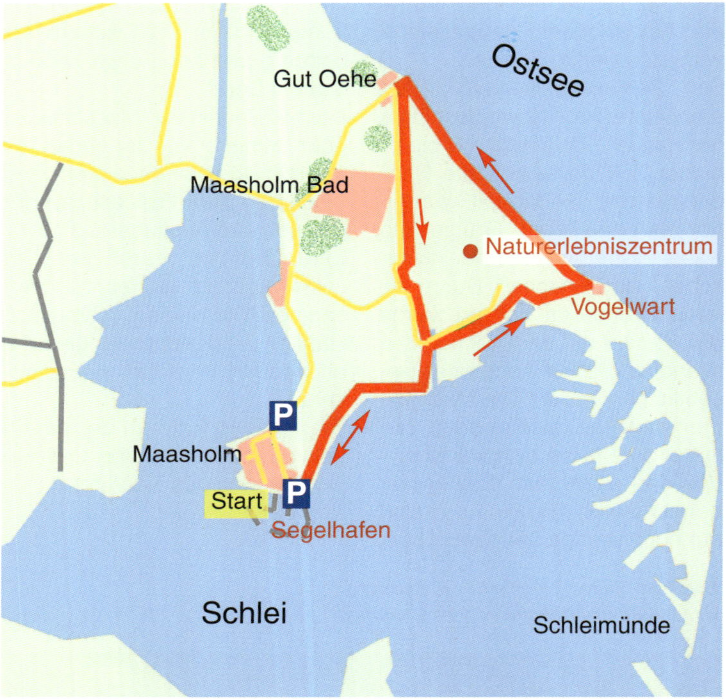
Ostsee
Gut Oehe
Maasholm Bad
Naturerlebniszentrum
Vogelwart
Maasholm
Start
Segelhafen
Schlei
Schleimünde

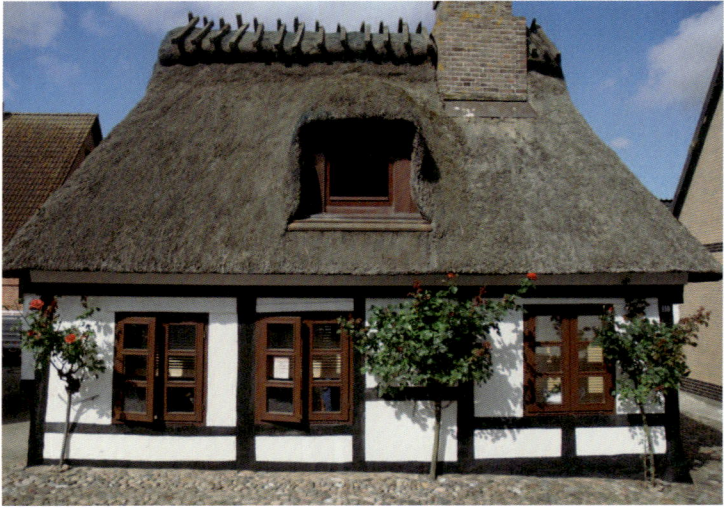

Von Maasholm zur Ostsee

Zwischen Förde und Meer

☞ Zeit: 2 Std. 30 Min. Rundweg

Am östlichen Ende des Yachthafens beginnt der Wanderweg zur Vogelwarte. Der Weg verläuft auf einem Deich, an dessen Fuß sich Schilffelder ausbreiten – der ideale Unterschlupf für die vielen Wasservögel, die im Flachwassergebiet zwischen Maasholm und der Lotseninsel auf Futtersuche sind.

Nach 30 Min. erklimmen wir einen Hügel, auf dem ein Wegstein aufgestellt wurde, wie sie früher an den alten Handelswegen zu finden waren. Dieser hier gibt keine Entfernung an, sondern markiert den 10. Längengrad östlich von Greenwich. Wir gehen weiter auf dem Deich ent-

lang, kommen an der Zufahrt zum Naturerlebniszentrum vorbei und erreichen nach einer Stunde die Vogelwarte. Es gibt keine Möglichkeit, über das Naturschutzgebiet der Lotseninsel nach Schleimünde zu gelangen. Wir gehen auf dem Deich, der das tiefliegende Land vor der Ostsee schützt, bis zum Gut Oehe. Wir können auch ein Stück dem Sandstrand folgen und direkt am Wasser laufen.

Bis 1795 war in der Nähe von Gut Oehe die Schleimündung. Durch eine schwere Sturmflut versandete der Zugang zur See, und so wurde ein neuer Zugang zur Ostsee geschaffen, indem die Nehrung beim heutigen Schleimünde durchstochen wurde.

Bei klarem Wetter kann man vom Deich aus die dänischen Inseln Ærö und Alsen sehen. Beim Gut Oehe verlassen wir den Deich, biegen links ab und folgen der schmalen Straße in Richtung Süden.

2 Std. Wir erreichen wieder den Stein, der den 10. Längengrad markiert. 30 Min. später sind wir wieder am Maasholmer Hafen, und wer vom Wandern Hunger bekommen hat, auf den warten hier schon leckere Fischbrötchen.

Bild links: Der Leuchtturm von Schleimünde ist nur mit dem Schiff zu erreichen.

Museum am Danewerk/Danevirkegården

Das Danewerklied von 1695 untermauert die in Dänemark beliebte Legende, dass Tyra Danebod das Danewerk bauen ließ. Dagegen spricht jedoch, dass der erste Wall im Jahr 737 erbaut wurde, Tyra jedoch im 10. Jh. lebte. Vermutlich geht die Legende auf die Wallverstärkungen von 968 durch Harald Blauzahn, den Sohn Tyras, zurück. König Waldemar ließ zwischen 1160 und 1180 die Holzpalisaden und Bohlenverkleidungen durch Ziegelmauern ersetzen. Damit wurde das Danewerk zum längsten Bauwerk Nordeuropas.

Die wechselvolle Geschichte des größten archäologischen Denkmals in Nordeuropa wird im Museum am Danewerk vom frühen Mittelalter bis in die jüngste Vergangenheit dokumentiert. Die archäologischen Forschungen werden anhand von Fotos, einem Lackprofil des Walls und Fundstücken anschaulich dargestellt. Daneben wird die militärische und politische Situation an dieser eindrucksvollen Verteidigungsanlage gezeigt. Seit dem Sommer 2000 ist ein Abschnitt der Waldemarsmauer freigelegt worden und kann besichtigt werden. Vom Museum führt ein Wanderweg zur Waldemarsmauer und weiter auf dem Danewerk entlang. Neben einer schönen Wanderung erhält man auf diesem Weg einen guten Eindruck von der Größe dieser Anlage.

Der Wikinger-Friesen-Weg führt direkt am Museum und den Wallanlagen vorbei.

Von der ab Seite 94 beschriebenen Route besteht die Möglichkeit, von Haithabu dem Wikinger-Friesen-Weg zum Danewerk-Museum und zur Waldemarsmauer zu folgen.

Wikinger-Friesen-Weg

Von St. Peter-Ording an der Nordsee bis nach Maasholm an der Ostseeküste verläuft der knapp 300 km lange Wikinger-Friesen-Weg

Dieser Radweg bietet Anschluss an die Fernradwege: Nordseeküstenradweg, Ostseeküstenradweg, Ochsenweg und Eider-Treene-Sorge-Radweg. Im folgenden Abschnitt sind vier Rundtouren um die Schlei auf dem Wikinger-Friesen-Weg zwischen Schleswig und Maasholm beschrieben.

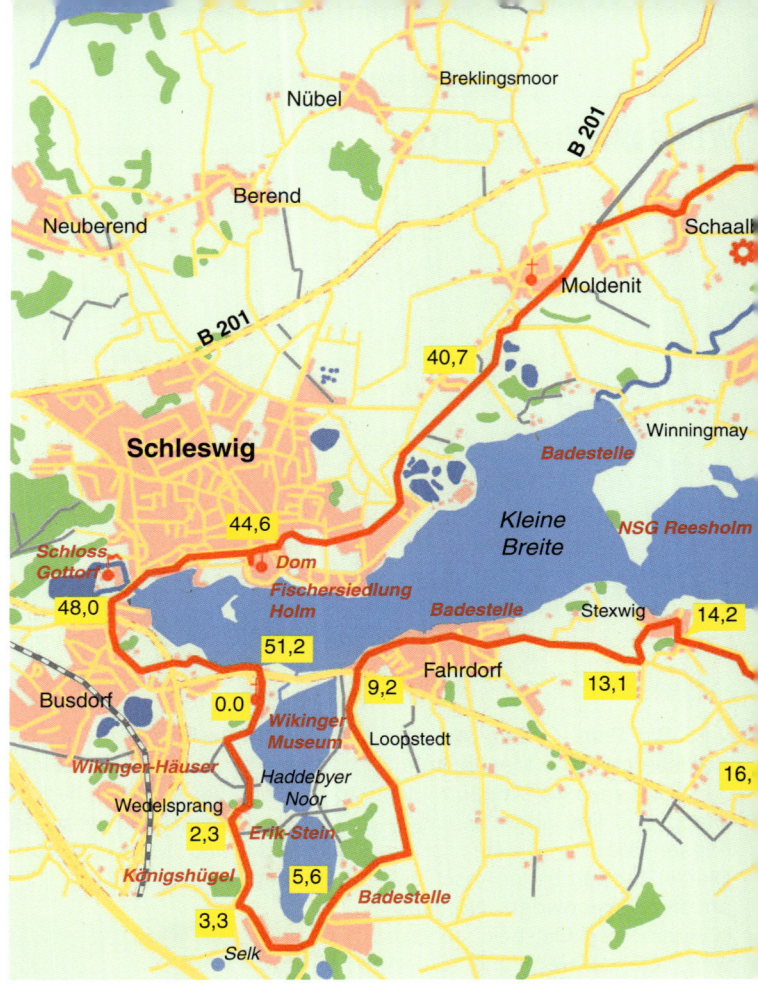

Radtour auf dem Wikinger-Friesen-Weg
vom Wikinger Museum nach Missunde

Ausgangspunkt ist der Parkplatz vor dem *Wikinger Museum* in Haithabu (**0,0 km**). Von dort führt der Radweg am Eingang des Museums vorüber zum *Ringwall von Haithabu*. Ein Besuch des Museums gibt Einblick in die Geschichte, Kultur, Handwerk und Seefahrt der Wikinger.

Nach einem Kilometer erreichen wir eine Wegkreuzung.
Geradeaus bietet der Wikinger-Friesen-Weg einen lohnenswerten Abstecher zum Danewerk-Museum und zur Waldemarsmauer (6,4 km), dem größten historischen Bauwerk in Nordeuropa.

Hauptstraße und erreichen nach wenigen Metern den *Erik-Stein*. Der Erik-Stein ist, wie alle vier Runensteine der Umgebung, ein Gedenkstein für gefallene Krieger. Von der Informationstafel neben dem Stein ist zu erfahren, dass der Stein in der Zeit von König Sven Gabelbart errichtet wurde und von Thorulf, einem Gefolgsmann des Königs, zum Gedenken an seinen Kameraden Erik gesetzt wurde.

Wir folgen weiter dem fahrbahnbegleitenden Radweg, kommen am *Königshügel* vorbei, wo ein

Erik-Stein

Wir biegen links ab, passieren den *Ringwall* und radeln durch das historische *Haithabu*, dem größten Handelsplatz der Wikinger, zu den rekonstruierten *Wikinger-Häusern* (**1,4 km**).

Anschließend fahren wir geradeaus weiter, verlassen das alte Siedlungsgebiet und erreichen in **Wedelsprang** eine T-Kreuzung (**2,3 km**). Mit einem Rechts-links-Schwenk gelangen wir zur

93

Allee zum Reiterhof bei Winning

Denkmal an die Erstürmung des Hügels im Jahr 1864 durch österreichische Truppen erinnert, und biegen an der nächsten Kreuzung (**3,3 km**) links nach **Selk** ab.

Von hier bietet sich ein zweites Mal die Möglichkeit, zum Danewerk (4,7 km) und zur Waldemarsmauer zu gelangen.

Wir radeln durch **Selk**, halten uns links Richtung Fahrdorf (**4,9 km**), kommen an einer *Badestelle* (**5,6 km**) vorbei und biegen bei **km 7,8** nochmal links Richtung Fahrdorf ab.

An **Loopstedt** radeln wir vorüber, queren **A** vorsichtig die B 76 (**9,2 km**) und fahren geradeaus durch *Fahrdorf*. Der Ort mit einigen guterhaltenen Reetdachhäusern und gepflegten Gärten liegt direkt am Schleiufer und verfügt über eine *Badestelle* am Schleiufer (Abzweigung Strandweg) (**10,5 km**). Anschließend folgt eine sanfte, aber lange Steigung, bis wir links nach **Stexwig** (**13,1 km**) abbiegen und bergab in den Ort rollen.

An dem kleinen *Bootshafen* (**13,9**) fahren wir vorüber, folgen anschließend der Rechtskurve der *Dorfstraße* und biegen bei **km 14,2** links in die *Bäderstraße* ein. Bei **km 15,7** schwenken wir links in die *Ringstraße*, erreichen **Borgwedel** und biegen an der Bauminsel links in den *Etkersbargredder* (**16,6 km**) ein. Nach weiteren 500 Metern biegen wir rechts in die Kreisstraße ein und schwenken bei **km 17,8** links nach **Güby**.

Dort halten wir uns an der großen Eiche links, fahren an der Abzweigung zur B 76 geradeaus und schwenken nach 50 m rechts in Richtung Louisenlund.

Nachdem wir bergab gerollt sind, fahren wir eine kurze Strecke leicht bergan, schwenken an der nächsten T-Kreuzung (**19,9 km**) nach rechts und nach wenigen Metern links in den fahrbahnbegleitenden Radweg der B 76. Wir passieren **Fleckeby**, fahren an der Abfahrt nach Götheby vorbei und biegen gleich darauf an der Fußgängerampel links in einen Sandweg ein (**22,3 km**).

Nach 300 m radeln wir geradeaus, erreichen das *Schleiufer (Badestelle)* und folgen dem teilweise weichen Sandweg mit herrlichen Aussichten über die *Große Breite*. In **Weseby** (**24,6 km**) erreichen wir wieder einen Asphaltweg und biegen an der Kreuzung rechts in Richtung Kosel ab.

Wir verlassen den Ort, halten uns bei **km 25,3** links und radeln auf einer schmalen Straße durch ein Waldgebiet. An der Vorfahrtsstraße biegen wir links ab (**27,3 km**).

Nach 100 m befindet sich rechts auf dem kleinen Hügel eine *Steinkammer* aus der jüngeren Steinzeit (etwa 2500 v. Chr.).

Anschließend radeln wir zur *Schleifähre Missunde* hinunter (**28,0 km**). Auf beiden Seiten der Schlei laden Restaurants zu einer Pause am Schleiufer ein. Wir überqueren die *Schlei* auf der Seilfähre und radeln auf der Angeliter Schleiseite geradeaus weiter nach **Brodersby**. Ein Besuch der kleinen *romanischen Kirche* mit dem hölzernen Glo-

Grabhügel aus der Bronzezeit bei Scholderup

ckenturm ist lohnenswert. Neben der *Granittaufe* ist ein Schalenstein aus der jüngeren Steinzeit in die Kirchenwand eingemauert. Wir kommen am *Dorfmuseum* vorüber, fahren an der Kreuzung der Vorfahrtsstraße geradeaus und folgen dem fahrbahnbegleitenden Radweg bis Scholderup. Dort überqueren wir die *Füsinger Au* und biegen gleich darauf links ab nach Schaalby (**34,2** km). In Schaalby fahren wir auf dem *Heerweg* bis zur Kreuzung der Hauptstraße (**37,8 km**). Links lohnt sich ein Abstecher zur *Wassermühle*.

Anschließend radeln wir rechts in Richtung Schleswig. Bei **km 38,8** schwenken wir links in den Sand- und Grasweg der ehemaligen *Kleinbahntrasse*, die heute als Radweg Schleswig mit Süderbrarup verbindet. In **Winning** (**40,7 km**) radeln wir am ehemaligen Haltepunkt der Kleinbahn vorbei und fahren weiter auf dem Sandweg der alten Bahntrasse (nicht auf die parallel verlaufende Straße schwenken). Wir überqueren bei **km 43,5** eine Brücke, fahren am neuen Stadtteil *Auf der Freiheit* mit dem dänischen Gymnasium vorüber und erreichen in Schleswig die Abzweigung zur Fischersiedlung Holm (**44,6 km**). Wir folgen weiter dem Wikinger-Friesen-Weg, radeln geradeaus.

Bei **km 45,3** schwenken wir nach links, überqueren eine kleine Holzbrücke und fahren geradeaus in den schmalen Fuß-/Radweg. Nach 50 m gelangen wir zur Kreuzung *Königstraße*, befinden uns mitten in der *Altstadt von Schleswig* und folgen dem Radwegweiser links zum *Dom*. Vor der Touristinformation (**45,9 km**) schwenkt der Wikinger-Friesen-Weg nach rechts, für einen Stadtbummel durch die Altstadt, zur Fischersiedlung Holm und zum Dom halten wir uns links. Anschließend fahren wir zur Touristinformation zurück und folgen dem Wikinger-Friesen-Weg bis

Blick von Haddeby über die Kleine Breite nach Schleswig

zur Kreuzung, hier schwenkt der Weg nach links und führt parallel zur Fußgängerstraße auf der *Königstraße* zum **Schloss Gottorf**. Empfehlenswerter ist es, das Rad durch die Fußgängerstraße *Stadtweg* zu schieben und anschließend mit einem Links-rechts-Schwenk wieder auf die *Königstraße* zu gelangen.

Am **Schleiufer** entlang erreichen wir Schloss Gottorf (**48,0 km**). Dort schwenken wir nach links, und radeln am Landgericht vorüber bis zur Unterführung. Mit einem Links-rechts-Schwenk kommen wir am **Stadtmuseum** und einigen Geschäften vorbei.

Bei **km 49,36** überqueren wir eine Straße, fahren geradeaus Richtung Kropp/Busdorf, schwenken nach 100 m links in den Radweg nach Haddeby, radeln durch eine Unterführung, kommen am **Strandcafé Marienbad** vorbei und fahren am Schleiufer nach **Haddeby**. Dort schwenken wir nach links, überqueren vor dem **Historischen Gasthaus** die Bundesstraße (**51,2 km**) und folgen den Wegweisern zum Wikinger Museum. An der **Feldsteinkirche** vorbei gelangen wir wieder zu unserem Ausgangspunkt vor dem **Wikinger Museum**.

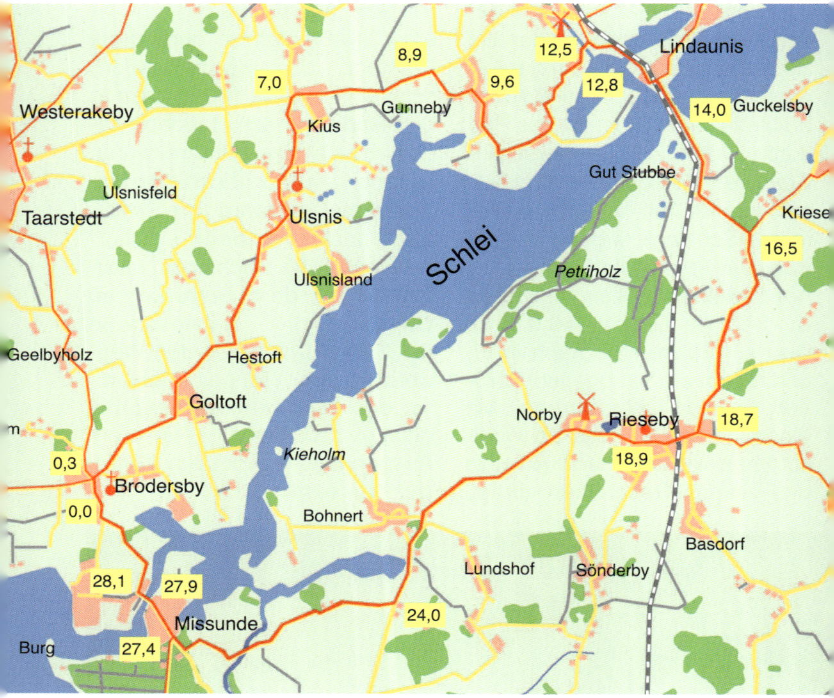
Lindaunis
8,9
12,5
7,0
9,6
12,8
Westerakeby
Gunneby
Kius
14,0
Guckelsby
Gut Stubbe
Ulsnisfeld
Taarstedt
Ulsnis
Kriese
16,5
Schlei
Petriholz
Ulsnisland
Geelbyholz
Hestoft
Goltoft
Norby
Rieseby
18,7
Kieholm
0,3
Brodersby
18,9
0,0
Bohnert
Basdorf
Lundshof
Sönderby
28,1
27,9
Missunde
24,0
Burg
27,4

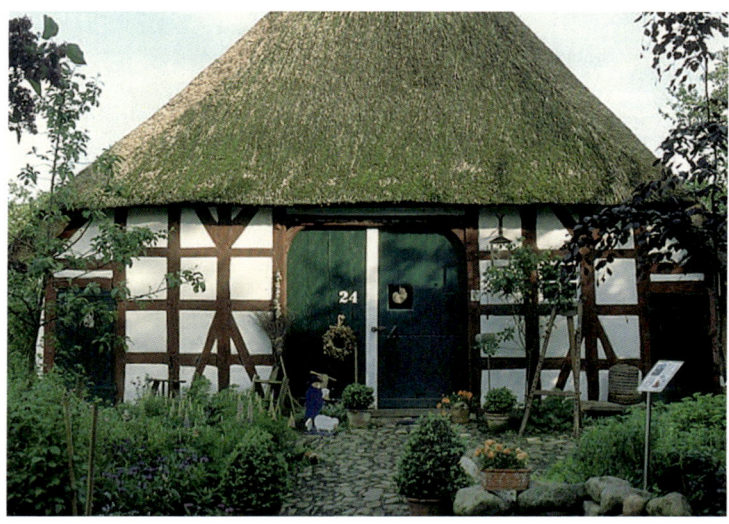

Radtour auf dem Wikinger-Friesen-Weg
zwischen Brodersby und „Landarzt"-Praxis

Ausgangspunkt ist der Parkplatz an der *Kirche* in **Brodersby**. Vom Parkplatz (**0,0 km**) fahren wir rechts die Straße leicht bergan, kommen am *Dorfmuseum* vorüber und biegen an der Kreuzung rechts ab (**0,3 km**). Auf dem Fuß-/Radweg der *Schleidörfer Straße* radeln wir Richtung Ulsnis. In **Goltoft** folgen wir bei **km 2,0** der Rechtsbiegung der *Schleidörfer Straße*, verlassen den Ort und fahren bei **km 3,1** in Hestoft an der Abzweigung zum

Bild links: Fachhallenhaus in Hestoft
Bild oben: Klappbrücke in Lindaunis

Niederdeutschen Fachhallenhaus geradeaus.
Abstecher: Rechts zum *Fachhallenhaus von 1756* mit einem liebevoll angelegten Bauerngarten einbiegen und an der folgenden Weggabelung links halten.
Ulsnis durchqueren wir auf der *Schleidörfer Straße*, fahren an der Abzweigung zum Strand und zum *Dorfmuseum* links in Richtung Süderbrarup weiter (**5,3 km**), radeln an der *Kirche* (**5,8 km**) vorüber und biegen in **Kius** rechts nach Lindaunis ab (**7,0 km**). **A** Vorsicht, nach 400 m endet der Radweg. Bei **km 8,9** biegen wir rechts nach **Gunneby**

99

Die Schlei bei Missunde

ein. Im Ort halten wir uns nach einer Linkskurve an der Bauminsel rechts, Richtung Dallacker (**9,6 km**). Am Ortsausgang fahren wir an der Abzweigung zur Badestelle geradeaus, halten uns anschließend vor der Allee zum **Hof Dallacker** links und fahren auf dem kurvenreichen Weg am Sportboothafen sowie dem *Herrenhaus Lindauhof*, das durch die ZDF-Fernsehserie *„Der Landarzt"* bekannt ist, vorüber (**12,5 km**). Auf einem Damm gelangen wir durch das Feuchtgebiet des *Lindauer Noors* zur Landstraße (**12,8 km**), biegen rechts ab, radeln weiter am Noor entlang und biegen an den Bahngleisen rechts nach Eckernförde ab (**14,0 km**). Auf der historischen *Eisenbahnklappbrücke* überqueren wir die Schlei. **A** Vorsicht beim Überqueren der Bahngleise, Sturzgefahr! Wir radeln an Obstplantagen vorüber und halten uns an der Abzweigung zum **Gut Stubbe** links (**15,6 km**). **Abstecher:** Zur Badestelle und um Gut Stubbe biegen wir rechts ein, überqueren die Gleise und fahren immer geradeaus am Gut vorüber bis zum Schleiufer. Bei **km 16,5** biegen wir rechts in den Radweg der Landstraße nach Rieseby ein, fahren in **Rieseby** an der Abzweigung nach Eckernförde geradeaus (**18,7 km**), überqueren die Bahngleise (**18,9 km**) und fahren an der *Kir-*

100

che vorüber nach **Norby**. Dort führt der Weg an der *Mühle „Anna"* vorüber, in der sich ein *Heimatmuseum* befindet (**20,8 km**). **A** Vorsicht: Bei **km 21,5** endet der Radweg. **Bohnert** durchqueren wir auf der Kreisstraße, radeln am **Ornumer Noor** vorüber, das sich fast bis zur Straße erstreckt, und biegen anschließend rechts nach **Ornum** ab (**24,0 km**).

Faszinierende Ausblicke, eine zauberhafte Lindenallee und das **Gut Ornum** erwarten uns auf der Strecke bis zur Straße, die von Kosel nach Missunde führt. In diese biegen wir bei **km 27,1** rechts ab und fahren an der Abzweigung nach **Missunde** geradeaus (**27,4 km**).

Abstecher: Nach **Missunde** biegen wir hier rechts ein (**27,4 km**). Einen Rundgang durch den ehemaligen Fischerort sollte man nicht verpassen. Ein *Steinkammergrab* aus der jüngeren Steinzeit liegt an der ersten Abzweigung von Missunde auf dem Hügel hinter dem Kriegerdenkmal. Es ist von der Straße aus nicht zu sehen.

Die *Missunder Schleifähre* bringt uns an der engsten Stelle der Schlei wieder nach Angeln (**28,1 km**). Wir fahren am Fährhaus Missunde und an der Abzweigung Burg geradeaus und erreichen an der Kirche in **Brodersby** wieder unseren Ausgangspunkt.

Der alte Thingplatz neben der Kirche in Brodersby

Süderbrarup
Faulück
23,1
Habertwedt
25,0
Arnis
0,0
0,4
Ekenis
Krieseby
Güderott
Winnemark
3,5
Akeby
Schlei
4,6
Pageroe
4,8
Fahrtoft
5,1
Klein Boren
Ketelsby
Ekenisfeld
6,1
Gut Bienebek
17,7
Boknis
Bocksrüde
8,3
Hegeholz
Sensby
Staun
Lindau-
mühlen-
holz
16,4
Sieseby
8,8
8,6
Lindaunis
Thumby
15,3
14,9
Guckelsby
Marienhof
Archangel
11,7
Gut Stubbe
Bösby
12,8
10,8
Brammermoor
13,6
Krieseby

Radtour auf dem Wikinger-Friesen-Weg zwischen Arnis und Lindaunis

Betriebszeiten der Fähre Arnis: 7.00–19.00 Uhr oder nach Bedarf
Von Dezember bis Februar ruht der Fährbetrieb.

Ausgangspunkt ist der Parkplatz am Ortseingang von **Arnis**. Von dort biegen wir rechts ab (**0,0 km**) und fahren bis zur *Langen Straße*. In diese biegen wir links ein (**0,1 km**) und gleich wieder

Bild links: Votivschiff in der Kirche von Arnis
Bild oben: Fähre in Arnis

rechts zur *Fähre*. An einer der schmalsten Stellen überqueren wir die Schlei und fahren auf der Schwansener Seite geradeaus weiter durch **Sundsacker**. Am **Charlottenhof** halten wir uns rechts (**0,7 km**), überqueren bei **km 1,3 A** die Kreisstraße und biegen rechts in den Radweg nach Winnemark ein. An der Abzweigung nach Karlsburg radeln wir geradeaus (**2,2 km**), fahren auf der *Dorfstraße* durch **Winnemark** und biegen hinter dem Gasthaus Victoria rechts in den *Steinerholzer Weg* ein (**3,5 km**),

der ab **km 4,6** in einen Kiesweg übergeht. Am Waldrand halten wir uns rechts (**4,8 km**), am Ende des Waldstückes noch mal rechts und radeln anschließend am Schleiufer entlang.

Am **Gut Bienebek** (**6,1 km**) fahren wir geradeaus weiter am Schleiufer entlang bis nach **Sieseby** (**8,3 km**). Dort biegen wir links in die *Dorfstraße* ein, radeln am Schliekrog und der *Kirche* vorüber bis zur Kreisstraße (**8,7 km**).

Abstecher: Einen Rundgang durch das Dorf mit seinen liebevoll gepflegten, weißen Reetdachhäusern und der weiß getünchten Kirche aus dem 13. Jh. sollte man nicht versäumen.

An der Kreisstraße biegen wir rechts ab, verlassen diese nach 100 m wieder und folgen links dem Wegweiser zum Marienhof (**8,8 km**). Am **Marienhof** radeln wir vorüber, biegen an der Querstraße *Bösby* rechts ab (**10,8 km**) und an deren Ende (**11,7 km**) links in die Kreisstraße. Wir radeln am **Gut Krieseby** mit dem auffälligen Torhaus vorüber (**12,3 km**) und biegen hinter einem Waldstück rechts in den Radweg nach Lindaunis ein (**12,8 km**). Vor den Bahngleisen in **Stubbe** halten wir uns rechts (**13,6 km**) und

aber zeitweise recht stark befahrenen Strecke (bis Habertwedt, 23,1 km) gibt es keinen Radweg. Wir fahren über **Ekenisfeld**, **Pageroe** und **Karschau** nach **Habertwedt** und biegen bei **km 23,1** rechts in den Fuß-/Radweg der Landesstraße nach Arnis ein. In **Klein-Grödersby** radeln wir an einer *Galerieholländer-Windmühle* vorüber und halten uns an der Abzweigung nach Kappeln rechts (**25,0 km**), kommen am Segelhafen Arnis vorüber und erreichen am Ortsrand von **Arnis** wieder unseren Ausgangspunkt.

Bild links: Lange Straße in Arnis
Bild unten: Torhaus in Kriesby

überqueren bei **km 14,9** auf der *Eisenbahn-Klappbrücke* die Schlei. **A** Vorsicht bei der Überquerung der Schienen, Sturzgefahr! Nachdem wir die Brücke überquert haben, biegen wir in **Lindaunis** rechts nach Kappeln ab. Der Fuß-/Radweg verläuft auf der linken Fahrbahnseite und wechselt bei **km 16,4** an der Abzweigung der Straße *Am Nießberg* auf die rechte Fahrbahnseite. Bei **km 17,7** biegen wir rechts in die Straße *Ketelsby* ein und folgen den Wegweisern nach Kappeln und Arnis. **A** Vorsicht: auf der landschaftlich sehr reizvollen,

Schwackendorf
Kieholm **14,3**
Hasselberg
Wormshöft **16,9**
Maasholm Bad
Priesholz **12,4**
Gammelück
Rabel
Exhöft
Bughagen
19,5
Stutebüll
Maasholm
B 199
Schlei
Schleimünde
8,0
Ellenberg
32,4
Olpenitz
Kappeln **5,6**
4,6
Kopperby
Weidefeld
Königstein
2,7
B 203
Grödersby
1,4
Arnis
37,8
Brodersby
Schönhagen
0,0
Karlsburg
Sundsacker **39,5**
Scharfeck
Karby

108

Radtour auf dem Wikinger-Friesen-Weg zwischen Arnis und Maasholm

Wir beginnen unsere Rundtour an der Fähre in **Arnis** (**0,0 km**). Von dort fahren wir am Fährkrug (Schänke) vorbei und biegen links in die *Lange Straße* ein, radeln an niedrigen Giebelhäuschen mit ihren Utluchten (Erker für eine gute Aussicht) vorüber, die sich hinter einer Lindenallee verstecken. Nach etwa 100 m schwenken wir nach rechts, verlassen den Ort und fahren über den Damm am Yachthafen vorbei nach **Grödersby**. Dort biegen wir rechts ab in Richtung Kappeln (**1,4 km**), nach 200 m nochmal rechts in die *Königsteiner Straße*. Wir radeln zwischen Feldern hindurch, biegen an der T-Kreuzung

(**2,0 km**) links ab, folgen der Rechtskurve des Asphaltweges und biegen an der nächsten T-Kreuzung (**2,7 km**) in **Königstein** wieder links ab. Der Radweg geht hier in einen Sandweg über und führt am Schleiufer entlang. Bei **km 3,0** passieren wir eine kleine Holzbrücke, halten uns an der Weggabelung (**3,6 km**) rechts und radeln an einigen Sportbootbrücken vorbei zum *Museumshafen* von **Kappeln** (**4,6 km**). Der Wikinger-Friesen-Weg führt weiter am Segelhafen und am *Museumsbahnhof* vorüber bis zur modernen *Klappbrücke*, die seit 2002 die alte Drehbrücke ersetzt (**5,6 km**).

Bild links: Die moderne Klappbrücke in Kappeln
Bild unten: Heringszaun in Kappeln

Fischkutter im Hafen von Maasholm

Wir radeln unter der Brücke hindurch. Hier teilt sich der Wikinger-Friesen-Weg. Der Rundweg führt über die Brücke am anderen Schleiufer zurück nach Arnis. Wir folgen dem Wikinger-Friesen-Weg nach Maasholm und radeln geradeaus über die *Hafenpromenade*.

Abstecher zur Innenstadt:
An der ersten Querstraße halten wir uns links und folgen der Fußgängerzone durch die Innenstadt mit der *St.-Nikolai-Kirche* und der *„Landarzt-Kneipe"*.

Anschließend fahren wir auf der *Hafenpromenade* an den Schiffsanlegern und am Fischereihafen vorüber nach Grauhöft. Auf dem folgenden Streckenabschnitt verläuft der Wikinger-Friesen-Weg auf der Trasse des Ostseeküsten-Radweges. Hier gibt es zwischen den Yachthäfen einen schönen Rastplatz. Anschließend entfernt sich der Weg vom Schleiufer und verläuft weiter landeinwärts. Bei **km 7,6**

überqueren wir **A** vorsichtig die Bundesstraße und schwenken nach rechts. Dem fahrbahnbegleitenden Radweg folgen wir bis zur Abzweigung Grimsnis (**8,0 km**). Dort biegen wir links ab und folgen weiter den Radwegweisern. Bei **km 9,5** schwenken wir an einer Bauminsel nach links in Richtung Gelting und biegen in **Stutebüll** zweimal rechts ab. An sanft hügeligen Feldern radeln wir entlang, biegen in **Schwackendorf** links ab (**12,4 km**), schwenken bei **km 13,3** nach rechts, folgen dem Radwegweiser nach Maasholm und passieren wenig später **A** vorsichtig die B 199 (**14,3 km**). Nach weiteren 300 m zweigt der Ostseeküsten-Radweg links ab. Wir bleiben auf dem fahrbahnbegleitenden Radweg und radeln weiter in Richtung Maasholm. Ab **Wormshöft** (**16,9 km**) führt der Radweg dicht am Ufer des Wormshöfter Noores entlang bis nach **Maasholm** (**19,5 km**).

Zum Segel- und Fischereihafen, in dem meistens ein buntes Treiben herrscht, gelangen wir über eine Kopfstein gepflasterte Straße, an die sich kleine Giebelhäuser schmiegen und sich die St.-Petri-Kapelle auf dem sechs Meter hohen Hügel erhebt, oder wir schwenken nach links und folgen dem Uferwanderweg zum Hafen.

Für die Rückfahrt von Maasholm nach Kappeln empfiehlt sich die Strecke über **Gut Buckhagen** und Rabel. Hierzu verlässt man den Wikinger-Friesen-Weg hinter **Wormshöft**, biegt links ab und folgt dem Radwegweiser: *Kappeln 7,3 km*. An der Abzweigung nach Grimsnis treffen wir wieder auf den Wikinger-Friesen-Weg, der uns von der Hinfahrt bekannt ist. Von dort radeln wir auf der gleichen Strecke bis zur Schleibrücke zurück (**32,4 km**).

Es ist schon ein beeindruckendes Schauspiel, wenn jeweils 15 Minuten vor jeder vollen Stunde für den Schiffsverkehr vier mächtige Brückensegmente geöffnet werden und Segelboote und Ausflugsschiffe die schmale Durchfahrt passieren.

Wir überqueren nun die Schlei auf der modernen *Klappbrücke*, folgen anschließend der Rechtsbiegung des Radweges und überqueren an der Fußgängerampel die B 201 (**33,1 km**). Anschließend radeln wir an der *Jugendherberge*, am Industriegebiet Loitmark mit zahlreichen Einkaufsmöglichkeiten vorbei und fahren in *Kopperby* (**35,9 km**) geradeaus in Richtung Karby. An den Abzweigungen nach Damp (**37,4 km**) und Karby (**37,8 km**) radeln wir geradeaus und rollen anschließend am *Herrenhaus Karlsburg* vorüber. In **Scharfeck** (**39,5 km**) biegen wir rechts ab nach Arnis, radeln noch eine kurze Strecke leicht bergan und rollen schließlich zur *Schleifähre* hinunter, die uns zu unserem Ausgangspunkt in **Arnis** auf die andere Schleiseite bringt (**40,5 km**).

Reetdachhaus in Wormshöft

Adressen und Fährverbindungen

Touristinformation Schleswig
Plessenstraße 7
24837 Schleswig
Telefon: 0 46 21-85 00-56

Touristinformation Kappeln
(Mühle Amanda)
Schleswiger Straße 1
24376 Kappeln/Schlei
Telefon: 0 46 42-40 27

Touristinformation Maasholm
Hasselberg-Kieholm
24376 Hasselberg-Kieholm
(an der B 199)
Telefon: 0 46 43-7 77

Touristikverein Ferienland Ostsee
Gelting-Maasholm e.V.
24395 Gelting
An der B 199
Telefon: 0 46 43-7 77

Touristinformation Schleidörfer
Königstraße 3
24392 Süderbrarup
Telefon: 0 46 41-20 47

Naturerlebniszentrum
Maasholm-Oehe-Schleimünde
Exhöft-Seeberg 1
24404 Maasholm
Telefon: 0 46 42-92 16 80
E-Mail: nez-maasholm@t-online

Fähre Missunde
Fährzeiten ganzjährig:
Montag–Freitag: 6.00–23.00 Uhr
Samstag: 7.00–24.00 Uhr
Sonntag: 7.00–23.00 Uhr

Fähre Arnis
Fährzeiten:
7.00–19.00 Uhr oder nach
Bedarf
Von Dezember bis Februar ruht
der Fährbetrieb.

MS „Johannes"
Im Sommerhalbjahr ab Schleswig-Stadthafen zum Wikinger Museum Haithabu

Schleischifffahrt
Im Sommer verkehren Ausflugsschiffe ab Schleswig und Kappeln auf der Schlei.
Auskünfte und Fahrpläne erhalten Sie bei den Touristinformationen in Kappeln und Schleswig.

Haftungsausschluss
Alle beschriebenen Wege haben wir zu Fuß oder mit dem Fahrrad erkundet und haben nach bestem Wissen recherchiert. Für zwischenzeitlich eingetretene Änderungen oder eventuelle fehlerhafte Angaben können wir aber keine Haftung oder Gewähr übernehmen.